现代城市地铁交通站点环境设计

The Modern City Subway Station Environmental Design

主　编／潘召南
副主编／何　亮
　　　　杨　英
　　　　赵一舟

现代轨道交通车站环境设计研究
重庆市"英才创新领军"人才项目（502022102）
四川美术学院"卓越人才项目"（编号：612010307）

中国建筑工业出版社

现代城市
地铁交通站点
环境设计

编委：

王鹏鹏	张长瀛	刘秋吟	郑艳
吴耀勇	刘代涛	刘霁娇	李屹
唐勇	杨曦	祝轲	陈彦德
郑苏伟玉	陈曦	田雨阳	赵骏杰
张艺	张运谋	王珩珂	吴蒙蒙

编写单位：

中铁二局集团装饰装修工程有限公司

四川美术学院

目录

第一章　绪论

1.1　研究背景及分类
1.1.1　研究社会背景　　002
1.1.2　地铁交通站点类型　　003

1.2　国内外地铁交通站点设计发展概况
1.2.1　总体发展概况　　006
1.2.2　国外发展概况　　006
1.2.3　国内发展概况　　010

第二章　国内外地铁交通站点环境设计案例分析

2.1　国外案例
2.1.1　纽约世贸中心地铁交通站点　　018
2.1.2　慕尼黑玛利亚广场地铁交通站点　　019
2.1.3　西班牙美卡巴那（Mercabarna）地铁交通站点　　021
2.1.4　芬兰阿尔托大学地铁交通站点　　022
2.1.5　日本饭田桥地铁交通站点　　025
2.1.6　莫斯科索尔特塞沃Solntsevo地铁交通站点　　025
2.1.7　华盛顿联邦三角地铁交通站点　　027
2.1.8　匈牙利布达佩斯地铁交通站点　　028
2.1.9　伊斯坦布尔地铁交通站点　　031

2.2　国内案例
2.2.1　南沙客运港地铁交通站点（装置化风格代表）　　032
2.2.2　上海地铁9号线金吉路地铁交通站点（工业化风格代表）　　034
2.2.3　武汉汉正街地铁交通站点（实景化风格代表）　　036
2.2.4　武汉商务区地铁交通站点　　039
（地铁、商业、交通、人防四合一的典范）
2.2.5　上海地铁17号线诸光路地铁交通站点（绿色设计代表）　　042
2.2.6　青岛地铁3号线太平角公园地铁交通站点　　044
（地铁交通站点与场景和谐共生的典范）

2.2.7 成都地铁3号线马超西路地铁交通站点	046
2.2.8 成都地铁8号线江安校区地铁交通站点	049
2.2.9 成都地铁3号线红牌楼地铁交通站点	053
2.2.10 上海地铁15号线吴中路地铁交通站点 （地铁设计公共文化空间代表）	057

第三章 城市地铁交通站点主要空间

3.1 城市地铁交通站点功能空间

3.1.1 地面附属建筑设施	062
3.1.2 站厅层	066
3.1.3 站台层	073
3.1.4 功能设施与城市家具	075

3.2 城市地铁交通站点商业空间

3.2.1 地铁商业空间的发展	078
3.2.2 地铁交通站点商业空间开发分析	079
3.2.3 地铁商业空间设计	080

第四章 城市地铁交通站点环境设计方法

4.1 站点环境特征

4.1.1 地域性	086
4.1.2 艺术性	088
4.1.3 差异性	092

4.2 站点环境设计工作流程

4.2.1 项目前期	096
4.2.2 项目策划	096
4.2.3 概念阶段	096
4.2.4 方案阶段	097
4.2.5 配套设计	098

  4.2.6 施工图阶段 098
  4.2.7 图纸会审 099
  4.2.8 资料归档 099

4.3 站点环境空间设计

  4.3.1 空间布局 100
  4.3.2 交通组织 102
  4.3.3 导向设计 106
  4.3.4 灯光与色彩 121
  4.3.5 声环境 126

4.4 站点空间公共艺术设计

  4.4.1 方式与种类 128
  4.4.2 公共艺术的表现手法 136

4.5 技术要求与规范

  4.5.1 设计规范 142
  4.5.2 设计技术要求、材料要求及施工注意事项 143

第五章 城市地铁交通站点设计发展趋势

5.1 环境服务功能更新

  5.1.1 站点与其他交通条件的链接 156
  5.1.2 站点与环境业态条件的形成 156
  5.1.3 站点空间的功能拓展 157
  5.1.4 站点空间的技术利用与信息传达 158

5.2 站点空间设计发展趋势

  5.2.1 立体交通站点的形成 161
  5.2.2 促进区域规划新理念的形成 162
  5.2.3 站点复合服务功能的形成 163
  5.2.4 智慧站点的建构 163

参考文献

现代城市地铁交通站点环境设计

The Modern City Subway Station
Environmental Design

第一章

绪论

1.1 研究背景及分类

1.1.1 研究社会背景

自古以来交通便是城市形成与发展的重要条件。随着人口规模和城市聚集地的不断扩大，道路面积的增加、运输路线的增长、物流系统的增速等城市发展和人民生活质量需求的方方面面均对交通运输系统提出了诸多挑战。其中，轨道交通作为城市公共交通的重要组成部分，已成为现代城市基础建设和高质量发展的关键。纵观世界各大综合城市的建设，都伴随着城市运输结构的不断调整和轨道交通的现代化发展。当代城市轨道交通系统具有承载力大、方便快捷、智能化与信息化同步等优势，并在有效地缓解土地资源紧张、提高空间利用率、缓解交通拥堵、提高居民出行效率、优化城市结构布局、改善城市环境品质等方面具有突出贡献。

据统计，截至 2021 年 6 月，我国已开通的城市轨道交通系统共计 76 个。截至 2020 年 12 月底，已开通城市轨道交通线路长度共计 7978.19km，包括地铁 6302.79km、轻轨 217.60km、单轨 98.50km、市域快轨 805.70km、现代有轨电车 485.70km、磁浮交通 57.70km、APM 10.20km 等。同时，《中华人民共和国国民经济和社会发展第十四个五年规划和 2035 年远景目标纲要》中明确指出对建设现代化基础设施体系的要求："要建设现代化综合交通运输体系，推进各种运输方式一体化融合发展，提高网络效应和运营效率。推进城市群都市圈交通一体化，加快城际铁路、市域（郊）铁路建设，构建高速公路环线系统，有序推进城市轨道交通发展。"由此可见，加快建设交通强国在未来的城市规划与建设中将成为不可或缺的重要环节。

其中，地铁作为城市中的一种大运输量的城市轨道交通，是当前城市综合轨道交通建设的重中之重。地铁线路一般设在地下隧道内、高架桥上或地面之上，其交通站点主要为列车停靠和乘客出行换乘提供必要的公共空间，有时也会作为地下通道供行人出行，或连通一些重要的城市建筑，如贯通商场、博物馆、图书馆、体育馆等公共建筑主要出入口。此外，在满足基础的交通功能之外，地铁交通站点还具有优化城市景观环境、展现城市文化特色、表达艺术与科技创新等多元作用。由此，城市地铁交通站点的环境设计对于提升城市建设品质、凸显城市文化要素、加快生态文明建设具有综合作用。随着新型城镇化和城乡融合发展的推进，不同类型城市的建设需求也将有所差异，城市轨道交通站点设计也将朝向更加多元化的方向发展。

城市地铁交通站点由于受到周边区域空间格局、交通现状、周边不同性质用地情况等不同主导要素影响，呈现出不同的站点类型与特征。不同站点类型在客流量规模、城市规划方向、用地开发模式、交通需求以及环境设计等方面均存在不同程度的差异。本书主要根据站点建筑类型、站点交通功能、站点用地功能三个方面对城市地铁交通站点类型进行归纳、分类。其设计均须符合城市整体规划以及相关技术规范要求，同时，不同类型又有各自的设计侧重，从而形成站点内部空间的多样化与差异化。

1.1.2 地铁交通站点类型（表1-1）

（1）按建筑类型划分

通常，根据地铁站点的建筑类型可将轨道交通站点分为地下站、地面站和高架站。

地下站——站点结构和空间都位于地面以下，无须设计建筑的外部空间，可以有效地节约城市用地、提高空间的利用率。但由于地下空间整体较为封闭、狭长，对洪水等自然灾害的应对要求较高，因此在设计的过程中要注意解决采光、通风、防洪防灾等方面的问题。在此基础上，如何缓解地下空间整体上给人带来的封闭、压抑之感也是设计中需要关注的重点。

地面站——主体结构位于地面之上，属于需要占用城市地面空间的一种建筑形式，其建筑外部和内部布局需根据规划要求和周边城市环境进行综合设计。与地下站相比，地面站的采光和通风可通过建筑设计实现，从而在一定程度上减少大量机械通风或人工采光的使用，同时便于乘客更加方便快捷地进入站点内部空间，并可成为城市标示性景观的组成部分。

高架站——主体结构位于地面高架桥之上，也是较少占用城市用地的一种方式，且适用于地形复杂的区域。高架站往往成为区域的形象标志，对城市风貌有重要影响，其建设难度相对较大，也会带来一定的阴影区。除此之外，其列车在行驶过程中不可避免地会带来一定的振动和噪声干扰，需要根据国家现行的设计标准对其进行防护。

（2）按交通功能划分

根据地铁交通站点的运输特点，通常分为单线站、换乘站和枢纽站。

单线站——指一条地铁线路上单一的车站，运输结构功能都相对比较简单。

换乘站——指位于两条及两条以上线路交点上的车站，其主要功能是为了实现不同线路之间的换乘，结构功能相对丰富，须注重不同线路站点空间之间的差异性以及明晰的导视系统设计，以此提高换乘效率。

枢纽站——指三条或三条以上地铁线路交叉或平行形成的站点，其结构功能更加复杂，须对功能布局、空间尺度、引导系统、集散区域以及人性化设施等多个方面进行全面设计。

（3）按用地功能划分

根据地铁交通站点的用地功能差异，主要分为居住型站点、公共型站点、商服型站点、产业型站点和混合型站点等。

居住型站点——周边的规划开发建设用地以居住用地为主，其服务对象以社区居民为主，须根据居民通勤需求、特点及规律等完善站点内部的交通流线和基础设施，并在设计过程充分考虑到出行人群心理和生理上的主要特点，打造人性化空间环境。

公共型站点——周边的规划用地以行政办公、文化教育等公共管理与公共服务用地为主。其服务对象以办公、教育、公共活动等人群为主，人员集散规模和时段较为复杂，在设计中须注重多元群体需求，打造兼具公共性、标志性、服务性等多维一体的地铁综合环境。

商服型站点——周边的规划用地以商业、商务、娱乐康体用地为主，须根据其人流特征从站内商业和内外连通两个角度，对其站内通道、站内公共空间以及地铁站出入口进行设计，以实现站点空间与站内商业服务和地上商业服务的有机结合。此外，商服型站点还须注重结合站内广告、宣传等信息，完善引导系统。

产业型站点——周边的规划用地以工业用地、物流仓储用地为主。设计中须注重不同产业特点，突出站点设计的针对性和综合运力。

混合型站点——周边的规划用地多样，各用地占比较为均衡，须全面考虑站点对外交通设施、站点附属空间、公共服务空间之间的融合，对站点进行综合设计。

地铁交通站点类型 表1-1

	类型	空间特征	设计特点
按建筑类型划分	地下站	站点空间位于地下	内部空间设计要求较高
	地面站	站点空间位于地面	具有外部建筑的设计要求
	高架站	站厅位于地面或高于地面，站台和列车运行高于地面	具有外部建筑的设计要求
按交通功能划分	单线站	一条地铁线路上单一的车站	结构功能比较简单
	换乘站	两条及两条以上地铁线路交叉或平行形成的站点	结构功能最复杂，强调不同线路车站空间的引导及车站规模
	枢纽站	三条或三条以上地铁线路交叉或平行形成的站点	
按用地功能划分	居住型	站点周边的规划开发建设用地以居住用地为主	
	公共型	站点周边的规划用地以行政办公、文化教育等公共管理与公共服务用地为主	
	商服型	站点周边的规划用地以商业、商务、娱乐康体用地为主	
	产业型	站点周边的规划用地以工业用地、物流仓储用地为主	
	混合型	站点周边的规划用地多样，各用地占比较为均衡	

（来源：表1-1根据文献整理绘制.参考：章莉莉.地铁空间设计[M]北京：中国建筑工业出版社，2017.傅搏峰，吴娇蓉，陈小鸿.郊区轨道站点分类方法研究[J].铁道学报，2008,30(6):19-23.）

1.2 国内外地铁交通站点设计发展概况

1.2.1 总体发展概况

早期地铁站点设计主要用于列车停靠、货物搬运或乘客候车等单一功能使用。此后，随着人流、物流和城市建设的不断发展，对地铁交通站点的数量、规模、功能等多方面提出了新的需求，使得其由简单的交通建筑逐渐发展成为交通综合体，其运营模式、建筑结构、空间功能形态和人性化设计都在不断创新。同时，随着大众对生活品质需求的不断提高，快速、高效的运输系统，站点环境及空间设施的完善，改变了人们的出行方式，地铁交通站点不再仅仅满足乘客的基本交通需求，还与多种城市与建筑空间相结合，为人们提供一个新型的交流、聚集、活动的公共场所，创造一种新的生活方式，乘客对交通运输的要求也逐渐由安全高效转向更加丰富的体验需求。在设计层面，不断变革传统设计方法，通过形式要素（造型、灯光、色彩、材料等）的变化，功能设计的优化以及空间环境的完善等方式让物质状态去承载人性关怀，丰富地铁站点的出行体验已成为当前设计的重要趋势，并主要体现在地铁站点与公共艺术、附属建筑及地域文化等层面。当代地铁站点环境中的艺术化设计、地面附属设施与城市景观相结合的设计、地下空间的可识别性设计以及对空间整体的采光、通风等方面的设计，均反映出地铁交通站点设计的人性化、多元化、智能化越来越受到重视，并在设计实践中不断融入地域性、文化性、艺术性等元素，为设计带来更多的潜能。不仅如此，随着科技的发展和不同空间结构形式的运用，地铁交通站点在为乘客提供了更加快捷高效的功能服务、趣味的空间体验的同时，其空间划分与功能布局也呈现出更加信息化、智能化、综合化的发展趋势。

1.2.2 国外发展概况

1863年，火车与地下道的结合成就了英国伦敦的第一条地铁，解决了人口增长与城市扩张带来的交通拥挤，开启了欧洲城市地铁发展的初期。在此基础上，地铁线路的规划逐渐从直线发展为环线，地铁也逐渐由蒸汽机车牵引转换为由电气化设备进行驱动。第二次世界大战之后，因战争而停滞的城市地铁建设工作进入恢复阶段，改善地铁环境和修建地铁线路成为缓解城市人口密度过高、郊区经济萧条的进一步要求。1970年以后，在城市化快速发展的背景下，日益增长的客流运输和科学技术的发展为地铁建设提出了新的要求，这一时期的轨道交通系统扩展增速，在带动城市经济发展的同时，还实现了多种公共交通类型的有效连接，城市地铁的建设开始进入快速的现代化发展时期。

在设计层面，西方各发达国家都积累了丰富的理论与实践经验，各国的地铁建设也越来越注重站点作为公共空间的功能属性、地域特性以及站点与景观环境、公共艺术的有效结合，并广泛运用在地铁站点环境设计的实践当中。

（1）地铁站点与公共艺术设计

公共艺术设计具有开放性、多元性、社会性、时代性和地域性等特征，为原本就具有公共空间属性的城市地铁交通站点提供了设计依据。例如，1950年修建的斯德哥尔摩地铁站被世界公认为"地下艺术长廊"（图1-1）。在其设计过程中，艺术家将人权与平等、自然和生活、时尚与科技等多个主题融入保留下来的岩壁，采用壁画、涂鸦、雕塑、设施、灯光等表现形式，结合相应的材料，将公共艺术介入地铁站点空间的环境。其公共艺术的介入不仅在创作阶段进行了跨专业的参与和协作，在展示过程中更是采用了定期更换的临时性公共艺术品，让乘客参与其中。

图1-1 斯德哥尔摩地铁站（来源：网络）

（2）地铁站点与地面附属建筑设计

地铁站点的地面附属建筑（出入口、风亭、冷却塔等）是地铁建筑不可缺少的配套设施，对地铁站点的运行、站点空间的人性化设计、城市景观规划以及城市地域文化的体现都具有至关重要的作用。以地铁出入口为例，不同时期和不同国家的地铁出入口设计在社会需求、技术水平、城市发展、地域特性等不同元素的影响下，呈现出不同的功能形式。早期的伦敦地铁出入口设计受建造技术的限制，呈现出入口狭小、结构材料单一的特点，但其与城市建筑形式相似的建筑造型，使其很好地融入城市当中。1900年巴黎地铁极具新艺术运动风格特征的出入口设计，打破了传统地铁站点内部空间狭窄、单调的设计，设计师对曲线和自然形态的运用给地铁出入口带来了全新的视觉感受，地铁出入口成为承载设计师对城市文化理解的物质载体（图1-2）。1995年毕尔巴鄂地铁站的出入口结构从地面延伸而起，其建筑材料采用混凝土与玻璃的结合，使其完美地融入毕尔巴鄂的城市景观，被誉为"世界上最具现代感的地铁"（图1-3）。随着时代的发展，无论是地铁出入口的造型、结构还是材料都呈现出多样化的发展趋势，地铁出入口的功能也更加多元化。由此可见，早期的地铁出入口仅仅是对地面空间与地下空间之间的联系进行引导，其设计主要集中在功能方面，作为通道口来使用。随着时代的发展，设计师将地域性与艺术性融入出入口建筑的设计中，地铁出入口作为一个功能性建筑的艺术特性逐渐凸显出来，使其在作为城市标志物彰显城市形象的同时与城市景观规划融合在一起，结合周边城市环境和建筑物成为城市标志性景观建设中不可分割的一部分。

（3）地铁站点与地域文化结合

每个城市或地区在经济、文化、历史、环境以及地理等各个方面都具有独特的地域性。以被誉为"地下艺术的殿堂"的莫斯科地铁站点设计为例，其地域化设计既有共性，也有个性。设计师将十月革命和卫国战争两项重点战役作为主题，通过雕塑、壁画等形式在不同的站点空间中重现历史的记忆，让人们在欣赏艺术的同时，感受这个国家的独特魅力。其中，莫斯科索尔特塞沃地铁站将"阳光"这一主题与索尔特塞沃街区的历史环境相联系，提取俄国乡间宅邸特有的建筑元素，在站点空间内形成富有节奏的建筑肌理，并通过色彩的处理对站点内部的功能空间进行视觉引导，在营造地域文化氛围的同时，凸显人文特色。

（4）地铁站点与导向设计

地铁站点导向设计是有效利用地下空间、高效识别站点信息、快速引导人流出行的重要方式。因此，设计出一个合理、完善、人性化的导向系统，已成为城市地铁建设和站点环境设计过程中不可或缺的部分。国外地铁导向设计起步较早，随着城市发展过程中，地铁建设的大规模投入，其研究也逐渐向更加科学化和系统化的方向发展。无论是以现有人机工程学原理为指导的标识设计，以乘客行为习惯和需求为依据的信息识别，还是以老人和视觉障碍人群为对象的无障碍设计，都形成了比较成熟的设计理论。除此之外，在设计理念方面，设计师们对图形的处理、材料的选取、色彩的运用以及科技的结合也都具有独特的见解。

英国是首个将无衬字体运用到城市地铁交通系统中的国家，其简洁、清晰的字体结构，具有更高的易读性，使人能够高效地辨识信息内容。除此之外，伦敦地铁还采用特定的标准色彩来进行不同地铁线路的区分，并在各个站点设置介绍地铁线路内容和展现伦敦独特艺术与文化的线路图册。其简单明了且独具艺术性的地铁导向系统设计，逐渐在出行的过程中深入人心。不同于伦敦在地铁站中对色彩的运用，巴黎地铁站则更多地在满足人们色感舒适度要求的基础上，采用对比鲜明的色彩，结合不同的信息内容，对字体颜色和标识底色进行设计，有利于乘客在众多信息中快速识别所需内容，使巴黎地铁站的导向系统设计兼具功能性和观赏性，更好地为乘客服务（图1-4）。

图1-2 巴黎地铁站入口（来源：网络）

图1-3 毕尔巴鄂地铁站出入口（来源：网络）

图1-4 巴黎地铁站导向标识（来源：网络）

1.2.3 国内发展概况

我国第一段地铁"北京地铁一期工程"于1965年开工建设。1988年后，地铁建设的体制在经历计划经济条件到市场经济条件下商业化运转的过程中发生了诸多变化。在这一时期，随着国家政策的完善、建设技术的提高以及地铁交通需求的增长，地铁建设逐渐进入稳步发展阶段，以适应日益增长的地铁建设需求，实现城市地铁交通的可持续发展。21世纪以后，各大城市在早期地铁建设的基础上，不断完善城市交通体系，从对建设技术的关注逐渐转向地铁线路的规划、城市结构布局发展的引导、地铁交通站点的综合设计等多方面。

在设计方面，我国地铁交通站点随着城市化进程不断变革新观念、新技术，并越来越注重其综合环境品质设计，整体呈现多元化方向发展。

（1）地铁站点与公共艺术设计

早期的站点设计中，通常是空间建设在前期，公共艺术的介入基本属于建设后期进行的延续性设计，因此在表现形式、介入方式以及技术材料等方面相较现代站点设计具有一定的局限性。地铁站点的初期，公共艺术形式主要以壁画和墙面装饰为主，起到一定的环境美化、点缀作用。例如，20世纪80年代北京地铁的建设，其壁画题材包含了我国地理环境、传统智慧、天文发展等方面，内容类型丰富，绘制精美。1995年上海地铁开通之后，其公共艺术在以中型壁画为主的基础上添加了与建筑空间相适应的天顶艺术装置等表现形式，多元化的材料与工艺也为公共艺术的展现增添了更多的趣味性，逐渐将设计侧重从关注地铁站点的功能转向发展人们喜闻乐见的主题公共艺术设计。此后，地铁公共艺术在社会各方面越来越受到重视，公共艺术的介入被纳入许多新建城市地铁的策划中。2017年开通的南沙客运港站，由于其作为清代后期中外贸易唯一的通商口岸，具有"以港兴市"的深远历史底蕴，设计师把站点内部空间当作一个巨型装置艺术进行整体设计，把售票等功能与公共艺术相融合，结合对"一带一路"主题发展历程的整体思考，重现其作为通商口岸的盛世景象（图1-5）。除此之外，部分已建城市地铁也通过开展公共艺术活动或设置大型公共艺术作品来营造地下城市空间的文化氛围。

图1-5　南沙客运港站（来源：网络）

(2)地铁站点与地面附属建筑设计

早期的地铁站点附属建筑着重考虑功能上的需求，大多数以方盒子为主的标准化造型进行设计建设。随着国内对地下空间和城市交通发展等方面的研究与实践，地铁站点出入口的设计与城市周边环境产生了新的联系，在设计与规划理念上也引发了更多关注与思考。以上海地铁站点出入口为例，从1993年起，其出入口形式便由于运营维护与极端天气等诸多问题从无盖敞开式发展到有盖式，且大多出入口都与周边的商业空间产生了紧密的联系。随后，于2016年开通的太平角公园站更注重与周边场景在设计上的和谐共生，设计师从具象的树叶中提取出抽象的视觉元素融入地铁出入口设计中，并结合玻璃材质与公园的景观融为一体（图1-6）。此后，地铁站点出入口设计更多地被视为展现城市风貌的窗口，注重其与城市环境发展相协调，与大众生活相联系，与城市形象相呼应，不同城市也对其地铁附属建筑在规划布局、风貌设计、运营策划等方面提出了更为细化的设计要求。

图1-6 太平角公园站出入口（来源：网络）

(3)地铁站点与地域文化集合

地域文化元素在我国地铁建筑、地铁公共艺术、内部装饰主题、空间导视系统等多个方面的应用均在进行不断地拓展、深化。武汉汉正街站于2016年正式开通，其站点环境设计以汉正街巷文化为来源，提取历史文脉中骑楼、挑檐、牌坊等建筑元素，以"汉正印象"为设计主题，对原有建筑的空间布局进行改造，采用挑高层的视觉空间、弧形的顶棚形式、功能与艺术相结合的"竹床"造型以及穿梭于街巷中的形来呈现出实景化的空间效果，展现汉正街特有的"门楼林立、商贾云集"等文化特色，营造从过去延续到现在、从地面延伸到地下的丰富环境体验（图1-7、图1-8）。此外，于2021年1月开通的上海地铁15号线充分采用了"站景结合"的方式，在站点空间中展现出"一站一景"的设计特征，每一处地铁站点都具有独特的地域特性。如顾村公园站、长风公园站、桂林公园站和紫竹高新园区站便是以四季为共同理念，每一个站点都展现出不同的季节氛围，将车站主题与地域环境巧妙融合，增强人们对地铁文化的认同感和归属感。

图1-7 武汉汉正街站（来源：网络）

图1-8 武汉汉正街站（来源：网络）

（4）地铁站点与导向设计

随着我国地铁建设进入发展阶段，我国地铁站点导向设计的研究重点逐渐由早期对乘客出行的辅助，转向对乘客心理需求的满足、城市地域文化的展现以及更加标准化的设计规范制定。《环境标识导向系统设计》（鲍诗度，2007）一书中，便从概念、形式、目的这三个方面对地铁标识导向设计进行了新的视角解读。随着对地铁站点导向设计的分类、需求、设计原则及设计方法等研究的不断深入，地铁导向系统的艺术设计与具体应用也不断得到完善，朝着更加多领域、全方位、人性化的方向发展。以我国香港地铁为例，香港的地铁导向设计在借鉴伦敦地铁的基础上，融入了更多科学技术，有效地提高了地铁站点在人流高峰期时段的应变能力。在色彩的应用上，香港地铁采用不同主色调的马赛克墙壁贴面对不同的站点进行装饰，通过色彩来识别站点。针对周边具有特殊景点的地铁站点，例如香港地铁迪士尼线，设计师便将众多经典的迪士尼人物形象和元素融入站点环境中，利用地域性特性引导乘客识别站点（图1-9）。

图1-9 香港地铁站导向设计（来源：网络）

现代城市地铁交通站点环境设计

The Modern City Subway Station Environmental Design

第二章 国内外地铁交通站点环境设计案例分析

2.1 国外案例

2.1.1 纽约世贸中心地铁交通站点

纽约世贸中心地铁交通站点始建于2004年，历时12年，耗资40亿美元。由于车站建在"9·11"事件的废墟上，这个特殊的地方让它的意义变得重大。整座建筑的外观酷似一只洁白的和平鸽，灵感来自西班牙设计师圣地亚哥·卡拉特拉瓦，他同时也是建筑师和工程师，由于其特殊的双重身份，他对结构和建筑美学之间的互动有着准确掌握，并且他发现在大自然中，木林虫鸟的形态美观亦有着惊人的力学效率，在设计时常常以大自然作为启发的灵感源泉，而这也是该地铁交通站点外形的主要由来。纽约世贸中心地铁交通站点又被称为"飞鸟车站"，作为"9·11"事件的纪念建筑，在满足了功能的前提下，它的寓意也同样至关重要，设计师认为这样的形式意味着新的生命、新的飞翔和新的希望（图2-1）。

纽约飞鸟车站的建筑材料使用了清一色的意大利白色大理石，也正因如此使得整个建筑物在纽约的钢铁丛林里形成了独特的视觉效果。主体架构采用钢结构搭建，地下基础部分使用钢架依次排开，

图2-1 纽约世贸中心地铁交通站点（来源：自摄）

构建出具有强烈秩序感的内部空间，并将车站建筑外形的钢结构进行延伸，增加"钢铁之翼"的车站建筑形态，整个空间被"钢铁之翼"的反作用力支撑起来，由于这样独特的结构设计，车站中心内部没有一根柱子，从而最大化旅客的通行效率。超高的顶部玻璃天窗将光线引入空间的同时也为整个车站的照明提供了辅助，自然光线的引入也降低了灯光照明所带来的成本。

纽约世贸中心地铁交通站点是一座集购物中心、地铁换乘站、城际铁路和人行步道网络于一体的综合体。它连接 11 条地铁线路以及纽约至新泽西的铁路，这个巨大的交通站点从纽约炮台公园的布鲁克菲尔德广场一直通到 MTA 富顿中心的威廉姆街。但是，在这交通中心通道上，你可看不见曼哈顿下城熙熙攘攘的街头，因为通道全部是建在地下。新建的交通站点，将成为纽约第三大交通站点。

2.1.2 慕尼黑玛利亚广场地铁交通站点

慕尼黑玛利亚广场地铁交通站点位于德国慕尼黑古城区的中心，与玛利亚广场相连接。慕尼黑玛利亚广场地铁交通站点是慕尼黑的交通站点，因慕尼黑的新、老市政厅都在广场周边，其人流量比较大。该站点由建筑师亚历山大·弗赖赫尔·冯·布兰卡设计，由于其大胆的橙黄色、深蓝色和深绿色的设计在 20 世纪 70 年代时从众多竞赛方案中脱颖而出（图 2-2、图 2-3）。

慕尼黑玛利亚广场地铁交通站点采用高纯度彩色的墙面和灯光，贴着橙黄色瓷砖的通道结合镜面和灯光营造出良好的进深感，在出入口处则采用深蓝色的瓷砖，通过色彩的强烈对比来突出重要的空间节点。设计师赋予了这些冰冷的材料无限的生机和活力，大胆的用色和德国人严谨的印象形成鲜明的对比，这种将鲜艳的色彩以不同的形式进行碰撞交织，或许能给城市里忙碌穿梭的乘客带来一些新鲜和释放。地铁交通站点有着极具视觉震撼力的隧道造型，给人一种穿梭时空的科技体验感，简洁而强烈的橘色让人仿佛置身异度空间。隧道内顶部的照明在橙黄色瓷砖的反射下点亮整个空间，照明设施的造型也形成一种视觉导向，指引着乘客前往各个功能空间。在地铁通道标识导向设计上，具有很强的识别性。地铁交通站点内的站名提示都位于乘客乘坐车厢中可以透过车窗直接看到的高度，并且置于各色条形面板中，相当醒目，这也符合了慕尼黑交通公司的标识在设计上注重功能和信息性，并以简洁为主，体现强烈的引导性原则。

德国给人的印象是冷静的、机械的、工业的，慕尼黑这座城市的地下空间却有着无比绚烂的色彩，鲜活的色彩，打破了对于德国设计的冷静感受，每一处都整洁干净则是继承了德国风格。

图 2-2 慕尼黑玛利亚广场地铁交通站点 1（来源：自摄）

图 2-3　慕尼黑玛利亚广场地铁交通站点 2（来源：自摄）

2.1.3 西班牙美卡巴那（Mercabarna）地铁交通站点

美卡巴那地铁交通站点投入使用时间是 2010 年 2 月 26 日，位于西班牙巴塞罗那，又称 L9 号线地铁交通站点，是地下岛式车站，该站点是由加尔西德圣博耐特设计公司设计的。

该站点设计旨在以最简化的设计来创造最大的空间价值和使用功能。以一种统一的、未经加工的工业风、洞穴状的风格呈现于大众的视野当中。设计师通过大面积保留站点的水、电、通风、消防等设施管网管道和承重柱让其外露，只选取实用主义的部分，而舍弃了烦琐的旧有装饰。以更加纯朴的形式来展现，摆脱人为建造的痕迹，回归最原始的空间逻辑，使站点空间呈现出典型的现代主义的工业风设计。同时，设计师追求实现空间材料的最少限度使用，使空间中原有的结构元素如隔墙、支撑柱、预制挡板等实现最优的表现形式，并进一步完善站点的整体空间。此外，附加的金属面板、瓷砖地板、栏杆和玻璃电梯、石座长椅，以及 TMB 原有的售票机、检票机和指示牌，利用各种环境小品的固有色彩与站点的灰白色彩进行碰撞，融为一体，增加了站点空间的视觉要素，缓解了整个空间的冷酷气氛。当然，地下车站需要最大限度利用自然光线，同时又采用不同形式的工业化灯具进行照明，点亮空间。在整个车站环境设计中以永恒而持久的使用功能为设计目标，注重选用更为耐用和易于维护的材料，并最终实现"虚无空间"的环境设计风格。（图 2-4）

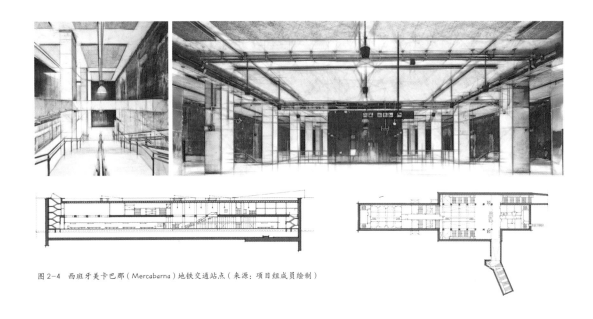

图 2-4 西班牙美卡巴那（Mercabarna）地铁交通站点（来源：项目组成员绘制）

2.1.4 芬兰阿尔托大学地铁交通站点

阿尔托大学地铁交通站点是赫尔辛基大都会区地铁扩建项目的首期工程，于 2017 年 11 月开通运营。阿尔托大学地铁交通站点总占地面积 14600m²，车站位于芬兰南部城镇埃斯波，阿尔托大学奥塔涅米校区的核心地带，该站点的主入口坐落于赫尔辛基理工大学的主楼前。该线路是连通赫尔辛基的罗霍拉赫蒂（Ruoholahti）和埃斯波的马丁凯莱（Matinkyl̈）的西部线路，由芬兰 ALA 设计事务所和艾莎·皮埃罗恩（Esa Pironen）设计（图 2-5）。

由于地铁交通站点主入口正对着北欧现代主义之父阿尔瓦·阿尔托（Alvar Aalto）设计的前赫尔辛基理工大学主楼，所以在站点建筑外形与内部空间设计时，设计师不仅需要考虑基本的功能，还需要与大师的作品进行对话。在设计时，ALA 设计事务所和艾莎·皮埃罗恩注重地铁交通站点与周边环境的关系，分别用旧铜板饰面、玻璃板与灰色黄岗石作装饰，将周边建筑的元素引入站点设计，自然地将其与周边环境融为一体。在站内空间的设计中，选用了深褐色的耐候钢板来铺设顶棚。被切割成三角形的钢板，从站点的入口处一路延伸至站台层，在灯光和自然光的映衬下，拼接出了折纸的视觉

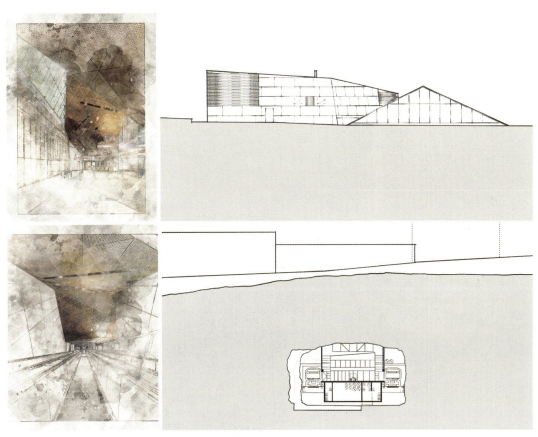

图 2-5 芬兰阿尔托大学地铁交通站点（来源：项目组成员绘制）

效果。遍布建筑内外的鲜明几何线条，在略显陈旧的耐候钢板与铜板之上，为整个站点增添了几分现代感。

  整个站点设计简洁且富有动感，符合芬兰设计简洁、实用的特点。该车站的设计运用了丰富的材料，与沿线的其他几个车站显得很不一样。多种材料的运用旨在消除眩光，强调自然的质感。同时，几何线条的顶棚设计，体现出一种科技感与未来感。

图2-6 日本饭田桥地铁交通站点（来源：项目组成员绘制）

2.1.5 日本饭田桥地铁交通站点

东京地铁是世界上最繁忙的地铁系统之一，其中位于日本东京都千代田区、新宿区与文京区的饭田桥站，作为一个中心转乘站，每天扮演着运输大量人流的重要角色。饭田桥站前身为牛込站，在1928年中央本线复々线化之下，由原本的牛込站与饭田町站近距离的列车月台合并而成，而后又由建筑设计师渡边诚操刀，竣工于2000年的一台两线地下岛式车站，也是世界上第一个使用计算机系统产生的建筑物（图2-6）。

本站在设计中采用了绿色的、像植物根茎一样的网状结构，作为车站空间里面的导视标志物，将车站内部的通道、站台、楼梯、休息共享空间进行连接，形成一系列的节点视觉景观。而且设计师巧妙地将材料进行分解、置换、重构等方式运用在车站的各个空间领域，将材料给人带来的视觉和触觉进行颠倒，让其密切而又暧昧地捆绑在一起。它的独特之处在于空间站内外都有电脑生成的"进化架构"，内部的特点是一个几何绿光雕塑内衬自动扶梯井。车站入口的建筑从表面上看，有一个名为"翼"的塔楼，这是一个包括整个地铁交通站点通风和空调设备的结构。但这一个被建筑师自己描述为有机建筑的东西进行了装饰，这个主题沿着整个地铁线路延伸到车站，形态上呈现出一种结构主义的工业风设计，外部功能的未来玻璃和钢吊舱形状，使站点看起来像是来自另一个世界的东西。一般地铁交通站点是千篇一律、毫无特征的，这个设计无疑带给了这个地铁交通站点很多的灵动。

2.1.6 莫斯科索尔特塞沃 Solntsevo 地铁交通站点

Solntsevo地铁站位于莫斯科索尔特塞沃街区，该设计方案获得巨大成功并夺得当时竞赛的头筹，Solntsevo地铁站俄语名称译为"太阳"，"太阳"也是该地铁站的主题之一。采用俄国乡间特有的斜屋顶设计并在上面设有圆形空洞，太阳光通过地铁站外部投射下的阳光斑点形成了独特的景观，正好与地铁名称相呼应（图2-7）。

首先，在地铁站的地上入口部分，是由一块块穿孔的白色混凝土板拼接而成的，板面上具有垂直的凹槽，再加上独特的斜坡顶，形成了丰富且有节奏的建筑肌理。无数透过穿孔板所投射下的光斑营造出Solntsevo地铁站独特的浪漫气息。其次，在地下空间也同样使用圆形的光影元素进行叠加与拼贴，利用圆滑的图形营造出优雅简洁的站内空间。站内的灯光设计同样贴合这一元素并且丰富了空间层次，站台层的休憩设施设计成白色圆柱，也体现了该设计公司对整个地铁站设计概念的把控能力。在颜色设计上使用白色及相近浅色调相搭配，具有重要使用功能的售票厅空间则使用明亮的黄色进行区域功能划分，在视觉上履行引导功能。地铁站的导视系统多使用不同颜色进行引导，使站内空间异常简洁空旷，单一使用视觉这一导视系统稍显单调且功能单一。

图 2-7 莫斯科索尔特塞沃 Solntsevo 地铁交通站点（来源：项目组成员绘制）

2.1.7 华盛顿联邦三角地铁交通站点

联邦三角地铁交通站点开放于 1977 年 7 月 1 日，所在地是华盛顿一个联邦办公楼聚集的地方，站名取自由宾州西北大道、宪法西北大道及 15 街划出的三角形区域，即所谓的"联邦三角"。这块区域包括了美国司法部、美国商务部、美国国税局及美国国家环境保护局等联邦机构的总部大楼。

联邦三角地铁交通站点采用了简单的岛式月台布局，站点的平台主要是岛屿类型，具有双向平台，是有三条蓝线、银线、橘线共用的轨道。它是华盛顿地铁最早采用格状拱形内墙的车站之一（称为"华夫格"设计），该站点大量使用裸露的混凝土和重复的网格状设计图案，各个方面都展示了野兽派设计。而格子顶棚穹顶也反映了华盛顿新古典主义建筑的影响，简洁有力、朴实高雅，是 20 世纪后期现代建筑的典范。其中，高架站和地面站主要使用了鸥翼屋顶设计，不仅延展了取景的视野，还增加了采光面积，有效减少了地下空间带来的压迫感和封闭感，也增强了地上和地下的联系，形成了丰富的空间层次（图 2-8）。

在联邦三角地铁交通站点的建设中使用的材料很少，多使用混凝土，高架结构均设置在由重型混凝土墩支撑的混凝土路基上。平台铺设具防滑表面的六角陶土瓷砖。平台的边缘是花岗石条，上面还装有灯，当列车驶近时会闪烁，丰富了地铁空间的视觉要素，很好地延伸了站点空间庞大的视觉效果。此外，站台上许多塔架（较粗的塔架）都装有空调管道，在整个站内循环冷却空气，其他空调管道位于站墙的底部，在加强空气流通性的同时也人性化地为地下空间提供了一个良好的舒适环境。站点还设立了隔声板，站台上的顶棚、入口吊舱下方的顶棚，甚至是路基都设立了隔声板，不仅可以有效地掩盖噪声，缓解环境声带来的焦躁感，还可以提升空间品质。

车站的照明间接由水银蒸汽灯（在塔架的顶部）和荧光灯管（位于车站墙的底部）组成。在侧平台车站，两条轨道之间的车站地板上还有一堆荧光灯。车站吊舱底侧顶棚的凹处有白炽泛光灯，这样能够充分对整个车站进行照明，也节约成本，还结合穹顶的网格造型反映着新古典主义的审美感官。

图 2-8 华盛顿联邦三角地铁交通站点（来源：自摄）

2.1.8 匈牙利布达佩斯地铁交通站点

弗瓦广场地铁交通站点（Fóvám tér）和圣盖勒广场地铁交通站点（Szent Gellérttér）是布达佩斯 M4 线上的双子地铁站，它们附属于布达佩斯 1980 年建立的第一条地铁线路，于 2010 年建设完工。双子地铁站位于市中心，濒临多瑙河畔，连接了布达和佩斯城中心。该站点衔接了多种运输方式，电车、巴士、地铁、汽车等多种交通方式都在此处转换，是一个重要的交通枢纽站。该项目由 sporaarchitects 设计公司所设计，建筑师团队为 tibor dékány，sándor finta，ádám hatvani，orsolya vadász。

布达佩斯是一座拥有浓郁历史气息、极具浪漫主义的城市，该站点的设计师打破了固定的思维，将站点的设计风格与城市的古典气息分离开来，打造出了一个完全不同的地下公共空间，一个前卫、新颖的地下世界，其设计灵感来源于尤纳·弗里德曼的结构和社会乌托邦。

弗瓦广场地铁交通站点和圣盖勒广场地铁交通站点的空间设计以几何形态的重组与切割演变而来的，构成了顶部空间变化多端的网状交织的独特形式。地铁站空间是由箱体空间和隧道空间组成，箱体空间由网状结构的钢筋混凝土梁支撑，其结构如骨骼系统。地铁站中骨骼系统式的混凝土结构错综复杂，交错的梁架结构与上下的扶梯使整个空间呈现出复杂繁琐的视觉效果。虽然看似紊乱，但却具有条理性与统一性，从而体现出建筑设计师对整体空间超强的把控度。圣盖勒广场地铁交通站点内的隧道墙面上拼贴着绚丽的马赛克壁画，为灰色调的空间增添了趣味性。设计师巧妙地加入了马赛克壁画的装饰，隧道内部的装饰不会破坏整体色调而显得突兀，还在细节上展现出了布达佩斯这座城市的古典浪漫。在弗瓦广场地铁交通站点中，对于自然光的运用是该地铁站的一个设计亮点。设计师希望阳光能洒落在地下空间中，所以在弗瓦广场地铁交通站点的地面入口处设置了一系列水晶形状网格式的天窗，通过透明采光的天窗引入自然光，阳光透过复杂的骨骼似的钢筋混凝土结构的空隙，直达地底空间的深处，旅客在进入地下空间时，能够继续感受到自然的阳光、云、雨的美，提升了旅客在站点空间中的舒适感。（图2-9）

弗瓦广场地铁交通站点和圣盖勒广场地铁交通站点空间呈现出极简的现代化工业风格，裸露的、骨骼式的钢筋与混凝土与具有科技感的金属材质相配，加上隧道空间马赛克拼贴的点缀，整体空间具有张力且色调统一又不显单调，凸显出其独特的魅力。该双子地铁站空间不同于传统的地下空间，它们犹如一座壮观的地下混凝土博物馆，迥然不同的地下空间，连接着地面19世纪的街道，将现代与古典连接。

图 2-9 匈牙利布达佩斯地铁交通站点（来源：项目组成员绘制）

2.1.9 伊斯坦布尔地铁交通站点

伊斯坦布尔省跨欧亚大陆，位于土耳其西北部马尔马拉地区，南临马尔马拉海，北濒黑海，博斯普鲁斯海峡连接马尔马拉海和黑海，分割伊斯坦布尔市的欧、亚两部分。

伊斯坦布尔市地跨欧亚两洲，是土耳其最大的城市，伊斯坦布尔最大的港口、工商业中心和主要的旅游胜地，伊斯坦布尔省省会。伊斯坦布尔面积 254 平方公里，人口 548 万，98% 的居民信奉伊斯兰教。

伊斯坦布尔地铁交通站点是伊斯坦布尔的城市轨道交通系统，其第一条路线 1 号线开通于 1989 年，目前共有 7 条。由于伊斯坦布尔的特殊地理位置，伊斯坦布尔地铁站成了一座跨越欧洲、亚洲两洲的地铁系统。

其站点入口的顶面和墙面使用了银色拼接，地面铺装采用大片的浅棕色，顶部灯光使用暖黄色与冷峻的空间进行了色彩上的调和，空间显得简雅大方。同时，入口处一边的墙面采用了弧线的造型，打破了空间直白的单一感，在平铺直叙中又带有一丝跳跃感。而这样一种直与弧的对比贯穿了这个空间，从扶梯入口处开始，整个空间从宽阔的视觉感受中逐渐进入类似于隧道的一个空间再豁然开朗，给乘客不一样的身心体验。进入站内候车厅，两边是弧形的墙面，顶部是浅色、灰色相间的铺装，厅内采用排列整齐的巨大白色圆柱作为支撑，整体空间显得硬朗大气。在空间中的颜色设计上，地铁交通站点空间以白色以及相近的浅色相搭配，进入大售票厅等功能空间以及部分展示性墙面，穿插了海蓝色铺装进行点缀强调，与地面亮黄色的盲道作了鲜明对比，整体空间给人静谧、悠扬之感，同时也起到了很好的视觉导向作用（图 2-10）。

图 2-10　伊斯坦布尔地铁交通站点（来源：自摄）

2.2 国内案例

2.2.1 南沙客运港地铁交通站点（装置化风格代表）

南沙客运港地铁交通站点始建于 2013 年 8 月，于 2017 年 12 月开通，历时 3 年半。该站位于港前大道与科技大道的交叉路口附近，不仅是广州地铁 4 号线南延线的起点站，而且是南沙港的最重要交通站点。远期与广州地铁 15 号线与东莞地铁 3 号线换乘。该站点为整体式钢筋混凝土矩形结构，地下三层侧式车站，占地面积 3 万多 m²。

众所周知，南沙的港兴市是珠三角和粤港澳的地理几何中心。唐代中期以后，南沙成为海上丝绸之路的离境点。坐落在南沙地域的南沙客运港站，作为清代后期中外贸易唯一的通商口岸，是巨大的财富和蓬勃的中外文化交流的集散地。

设计师通过不锈钢螺旋状造型的通道，营造一种仿佛穿行于时光隧道的梦幻感。该站点空间把整个地下三层空间作为一个装置艺术进行设计，通过以隐喻的设计手法重现广州海上丝绸之路的历史盛景的方式，构成了一个海水蓝主色调的海底世界，从而体现了设计师对"一带一路"主题前世今生的整体思考。设计师利用玻利维亚蓝花岗岩艺术石材地面，宝蓝色的背漆玻璃墙面，大面积的裸顶设计，风、水、电等各种功能设备有序排布，原顶棚喷涂蓝色无机涂料，部分顶棚镜面处理，以此建构站点空间的界面。柱体采用不锈钢镜面装饰处理手法，弱化了柱体的空间存在感。借助于木船、海洋、海鸥等元素，各种装饰材料的镜面处理方式，使站点空间呈现了一个充满瑰宝的海底世界。设计师利用悬挂于顶棚的海鸥造型灯具，构成顶部空间的独特形式。造型灯具兼具照明与装置作用，这种设计手法使空间轻盈又通透，有呼吸感，从而实现功能美与形式美的高度统一。该站点空间最具创意的是，设计师从郑和下西洋的历史故事切入，以"宝船起航"为设计理念，巨型木船横亘于站点中央。从平面布置上来看，20台自助售票机背向设置构成船身，船头与船尾分别是宝船装置与便民商铺。站点空间采用大面积蓝色点缀木色的对比手法，使装置设计与地铁空间功能有机整合，为乘客开启了一段梦幻旅程。

南沙客运港地铁站往东面南沙大酒店，北面濒临虎门狮子洋，是连接香港和澳门的内地港口之一。该港口年设计客运量为160万人次。目前，南沙客运港已有多条航线与周边通航，其中包括客运港往返深圳码头航线、南沙往返香港国际机场航线，以及南沙客运港往返桂山岛/外伶仃岛的水上高速旅游专线（图2-11、图2-12）。

图2-11　南沙客运港地铁交通站点1（来源：网络）

图 2-12 南沙客运港地铁交通站点 2（来源：网络）

2.2.2 上海地铁 9 号线金吉路地铁交通站点（工业化风格代表）

金吉路地铁交通站点始建于 2014 年 9 月，于 2017 年 12 月开通，历时 3 年有余。站点位于上海市浦东新区金海路金吉路，是上海地铁 9 号线东延伸段的地下岛式车站，也是 9 号线与上海地铁崇明线之间的换乘站，由设计师马凌颖、李畅、王丽娟等设计。

该站点空间设计以几何形为基本形式要素进行演变与塑造，通过一系列要素的重合叠加，形成空间秩序与规律，从而体现设计师对站点空间功能、建筑现状条件与视觉形式的整体思考。设计师很好地利用了原建筑结构与风、电、消防等设施管网的条件进行优化整合设计，并以此建构了站点空间的界面，使站点空间呈现出典型的结构主义工业风设计（图 2-13）。

车站一切装饰均贯彻了极简的原则，"少就是多"的设计理念体现在空间中的方方面面，清水混凝土饰面用多边形柱体有序排列，很好地减少了方柱棱角带来的安全隐患，同时也使柱面在光影中呈现丰富的反射，使柱体在空间中成为视觉要素。结构柱的表面处理延伸了站点空间宽敞的视觉效果，使站点空间体验更为舒适。设计师利用各种机电设备、管线桁架及末端设备的特殊形态，以点、线、面的组合，构成了顶部空间的独特形式。同时，无装饰的设计手法为未来使用过程中的设备检修带来更加便捷的条件。顶棚上巨大的圆形风管与风口，管线鳞次栉比，纵横交错，繁复的顶部与简洁的地面形成强烈的对比。展厅空间采用单纯的灰地、白墙，很好地衬托了亚金色和红色管道，点亮了整个空间，并与顶部混凝土原色融合成整体。值得一提的是站内梯步的设计，采用了马赛克的饰面，辅以透明的玻璃栏杆，仿若走在阳光下波光粼粼的水面之上，结合管道的色彩以及亮黄色的警示标识，很好地缓解了整个展厅空间的冷酷气氛。展厅灯光多采用点光源结合漫反射，使照明效果与空间氛围营造有机融合。

图 2-13　上海地铁 9 号线金吉路地铁交通站点（来源：自摄）

2.2.3 武汉汉正街地铁交通站点（实景化风格代表）

汉正街地铁交通站点始建于 2013 年 8 月，于 2016 年 12 月开通，历时 3 年有余。站点位于武汉市硚口区中山大道与多福路交会处，因汉正街而得名，是武汉轨道交通 6 号线中最具特色的站点之一。

基于汉正街是武汉市巷文化的集中地的历史现状，设计师以打造全国首个实景地铁交通站点为设计目标，以体现"汉正印象"的设计主题，通过提取汉正街历史文脉中的基本设计元素，如骑楼、木质雕花、雕花栏杆、挑檐、牌坊等，来体现百年汉正街历史风云在现实中的映射。行走于汉正街站，犹如穿行于昔日门楼林立、老字号商贾云集的汉正街。设计师合理利用站点的超高层高进行空间布局，使站点空间呈现出实景化的空间设计效果。

该站点建筑设计为地下三层岛式站台车站，为再现汉正街老门楼街道的站点空间效果，设计师打破原有的建筑结构形式，取消部分柱子与楼板，通过加强顶板、底板与侧墙的厚度等手法，来解决因装修拆改而造成的结构受力问题。最终空间建筑尺寸长 76m，宽 12m，高 12m，结构的突破使公共区空间实现了水平与垂直方向的延伸，呈现出恢宏的空间效果。站点空间呈现出约 10m 高的汉正街骑楼，蜿蜒百米，覆盖中庭。骑楼上部装饰仿木纹雕花门窗，白墙黑瓦，挑檐翘角，以汉正街的老牌坊为骑楼点缀；骑楼下方空间为宽约 12m 的乘车通道。设计师利用小规格白色瓷片装饰墙面、灰色石材地面、木纹铝方通顶棚，并以此建构站点空间的界面，与饰以花窗的柱体共同呈现出一派老门楼街景。骑楼对面是约 10m 高的壁画艺术墙，挑檐将墙面分成上下两部分。上部材质为石材砖印国画，用以展现武汉三镇风貌的山水画卷，而下部的现代汉正街景，则通过汉白玉线刻的艺术形式得以实现。同时，艺术家以穿梭横街纵巷间的打货人来展现汉正街特有的码头文化和地域特色（图 2-14）。

设计师利用近千平方米的弧形顶棚，来构成顶部空间的独特形式，从而营造室外街景的空间视觉效果。顶棚喷涂蓝天白云图案，通过无机涂料打磨抛光而成。基材则采用高强防火石膏板。站点灯光

图 2-14　武汉汉正街地铁交通站点（来源：自摄）

通过在顶棚四周设置暗藏灯带的设计手法，来营造自然光的照明效果。同时，在门楼、艺术墙、柱体上设置了背投式点光源用作装饰照明。顶棚云层的间隙仿佛透着微光，映照在中庭楼梯井仿木纹饰面的金属雕花栏杆上，照明效果与空间氛围有机融合，最终呈现出白云千载空悠悠的空间意境。

站台空间的造型要素为一排排铜制的"竹床"，既是艺术小品，又是候车的座椅。设计师以点带面的设计手法，表现了武汉人家过去摆竹床阵纳凉的美好时光。正是通过这一系列浑然一体的实景设计，汉正街地铁交通站点呈现了武汉三镇和汉正街发展变迁的历史（图 2-15）。

图2-15 武汉汉正街地铁交通站点站台(来源:自摄)

2.2.4 武汉商务区地铁交通站点（地铁、商业、交通、人防四合一的典范）

武汉商务区地铁交通站点，始建于 2012 年 3 月，于 2015 年 12 月开通，历时 3 年有余。该站位于湖北省武汉市江汉区王家墩，建筑总面积 89341 ㎡，相当于五六个标准站，是武汉轨道交通 3 号线、7 号线换乘站，也是武汉最大的地铁交通站点，共设 16 个出入口。全站共设 44 部电扶梯，站内电梯 20 部，出入口电梯 24 部。

该站地下空间采用集地铁、商业、交通、人防为一体的竖向布局，共分为 4 个区。该站共四层，地下一层为下沉式广场，商业空间以广场穹顶为中心环形布置；地下二层为 3 号线、7 号线共享站厅，通往 10 号线换乘通道设置在 7 号线东端区间上方。地下三、四层均为站台，三层为 3 号线站台，设地下车库，可与 7 号线以扶梯换乘。四层为 7 号线站台。

设计师秉承打造多维空间的设计理念，以璀璨星河为设计主题，以圆形为基本设计要素，通过丰富的设计手法，从而建构出一个前所未有的地下空间。该站地下一层下沉广场中间设有钢结构玻璃穹顶，从地面上看犹如一颗蓝紫色水晶球。穹顶为直径 23 m，高 14 m 的半球形，镶嵌 954 块中空夹胶镀膜玻璃。玻璃自上而下呈现蓝紫色调渐变，营造莲花盛放的视觉意象。穹顶下方的电梯厅，通过镜面不锈钢包裹，构成一组莲花造型。站点空间顶部铝条板顶棚采用了一万多平方米的星空彩绘图，白色人造石圆柱上部搭配金色的铝板，使空间的视觉语言更为丰富。该站采用圆形风口与圆形的面板照明巧妙地融合在一起。地面采用深色花岗石图案与顶面造型相呼应。该站的灯光设计语言极为丰富。光线通过玻璃穹顶可提供地下空间部分照明，同时阳光下的彩色玻璃相互映射，使穹顶更加绚丽斑斓。穹顶下方的星状 LED 灯变幻闪动，与屏幕背景相互响应。星空吊顶上悬挂数百个灯盘用作兼具功能与装饰照明，与空间造型交相辉映，呈现出梦幻的星际空间效果。站台部分的照明设计则采用面光源与线光源有机结合，通过构成排列，营造出漫步浩瀚宇宙的空间氛围（图 2-16、图 2-17）。

值得一提的是智能系统控制的艺术墙，高约 20m，以星河为设计主题。设计师以光导纤维造型，通过星座、星云等元素梦幻呈现，营造星际云河的世界。

该站服务于王家墩核心区中央广场，附近有武汉中心以及多座写字楼。主体广场与物业区设有 16 个出入口直通地面，其中距武汉中心最近的出入口仅 30m。

图 2-16 武汉商务区地铁交通站点（来源：自摄）

图 2-17 武汉商务区地铁交通站点下沉广场穹顶（来源：自摄）

2.2.5 上海地铁17号线诸光路地铁交通站点（绿色设计代表）

诸光路地铁交通站点始建于2013年6月，2017年12月开始运营，历时4年半。站点毗邻国家会展中心，位于上海市青浦区崧泽大道诸光路，是地下岛式车站，为地铁2号线的辅助疏散保障。这是亚洲第一个荣获LEED银级认证的地铁交通站点，是"最绿色"的地铁交通站点。

设计师践行"以人为本、绿色环保"的设计理念，在设计中全程注入对绿色地铁设计的思考。站点空间合理利用原建筑设计优势，将车站中心超高大中庭贯通站厅站台，中庭穹顶自然采光增强了空间的呼吸感和通透性，同时呼应车站南侧下沉式广场的设计，使建筑空间体验感更加丰富。借助于穹顶两侧线形钢结构有规律地阵列，空间呈现更为高大的视觉效果。超高的穹顶造型使空间视野开阔，犹如置身于宫殿中。该新宫廷式风格建筑摒弃了世俗眼中的繁复与华丽，营造出一个简约又富有层次的白色空间。站点顶棚采用菱形为造型元素，呈现出虚实结合的空间界面。同时，中庭侧墙球形风口，构成了站点顶部空间的独特形式，丰富了空间的构成美。设计师在建筑结构基础上的设计，强化了空间结构的形式美。站点空间中庭侧墙的穹顶支纵采用对比的设计手法，利用钢结构与建筑中庭的混凝土结构梁，产生轻盈与厚重的对比，丰富了空间造型（图2-18）。

车站以大型陶艺装置《诸光开物》升华设计主题，融合了四叶草、万花筒等为设计元素，展现了一个缤纷的世界。站台空间在屏蔽门外设计隔墙，用于艺术品展示。这种展厅的设计手法运用在地铁设计中，显得独树一帜（图2-19）。

设计师把绿色环保的理念自始至终贯穿于车站设计、施工到后期运营的方方面面。首先，选用节能环保的装修材料，诸如天窗节能玻璃，性能良好的透水砖、负离子涂料，满足环保要求的石材、粘合剂等；其次，采用风水联动高效空调系统，有效降低能耗；再次，通过遍布车站的上百个传感器提供的监测数据，为实时调控车站空间舒适度提供了技术支持；同时，所有照明设施均为LED灯具，通过智能灯光控制系统控制，有效降低了能耗，减少了光污染。

图 2-18　上海地铁 17 号线诸光路地铁交通站点站内空间（来源：自摄）

图 2-19　上海地铁 17 号线诸光路地铁交通站点陶艺装置（来源：自摄）

2.2.6 青岛地铁 3 号线太平角公园地铁交通站点（地铁交通站点与场景和谐共生的典范）

太平角公园地铁交通站点始建于 2010 年 6 月，通行于 2016 年 12 月，历时 4 年半，是青岛地铁 3 号线的中间站，由武毅、尹静设计。该站位于香港西路鹊山路口，毗邻青岛市市南区太平角公园，是地下二层岛式车站。

青岛作为曾举办 2008 奥运会帆船赛事的著名旅游城市，外来游客众多。太平角公园地铁交通站点因重要的交通位置，具有重要的城市窗口名片的作用。基于这种背景，设计师秉承了"1 个车站 +1 个公园 ≥ 1 个公园，即还市民一个更丰富美好的公园，做一个拥有美景的地铁交通站点"的设计理念，新增的下沉展示空间完美地融入原公园景观，使空间体验具有更多层次性，从而完成了青岛太平角公园的新生，同时也实现了地铁交通站点与公园的和谐共生。

该设计采用海和岛为设计元素融入海洋文化，在站点屋面设计了以海岛万象为主题的浅水体休闲广场，从而使地铁交通站点与休闲展览开发空间、太平角公园三者有机融合在一起。通过在站点顶部设置多个玻璃采光井，使站点空间获得了自然光照明，空间呈现出通透的视觉效果。设计师把站点空间打造成巨大的白色展厅，阳光通过采光井照射在海洋生物雕塑上，形成光与造型的对应，营造了海底世界的空间氛围，空间的艺术性由此可见一斑。"作为艺术的整体组成，海洋生物之美通过壁画与雕塑的艺术表现形式有机结合得以呈现。对自然采光空间的艺术介入是该创作的独特之处。立体的艺术造型悬置于站点天井之中，其竖向的造型与地面人群全方位对应，又全然不妨碍通行功能。海洋生物造型各异，形态优美，恰到好处地烘托了海洋文化氛围。"该站点设计充满强烈的海洋文化特色，高度展现了青岛滨海城市的地域特征（图 2-20）。

设计师在出入口部分采用玻璃与钢结构，抽象出树叶状的视觉元素形成设计元素。这种设计手法，使出入口与公园景观融为一体。

太平角公园地铁交通站点位于香港西路南侧，南面毗邻太平角和青岛八大关景区，是游览景区与滨海步道的必经之路，地理位置优越。

图2-20 青岛地铁3号线太平角公园地铁交通站点（来源：网络）

2.2.7 成都地铁 3 号线马超西路地铁交通站点

马超西路地铁交通站点为成都市地铁 3 号线三期工程的中间站，位于大件路和电子路路口，大件路为南北走向，电子路为东西走向。该站总建筑面积 15020 平方米，地下两层岛式车站。路口西南侧为富成花园小区，东南侧为新都花园小区和金荷大厦，西北侧为金世纪家具商城，东北侧为金树家具有限公司和马超小区。始建于 2015 年 6 月，于 2018 年 12 月开通，历时 3 年半。该站点基于三国元素、五虎上将、马超等文化元素的梳理，从三国文化出发，以线描的手法在空间界面上表现五虎上将的故事，从而构建一个具有文化底蕴的故事化的空间场景。设计师在顶棚中间部分以 50mm×70mm 木纹色方通阵列为面，以 100mm×100mm，间距 1000mm 烤漆铝合金方通为骨架，搭建富于线条美感的拱形顶棚。两侧则根据综合管线的安装高度相应降低吊顶高度，以 600mm×1200mm 的白色铝板和相同规格的灰色铝合金扩张网进行排列组合，形成虚实相生的空间界面。墙面采用 600mm×1200mm 的白色陶瓷板，地面铺贴浅灰色花岗石构建出简约大气的空间界面。柱面造型采用 40mm 厚花岗石机刨石自然崩面石材包柱，石材斑驳的肌理感呈现出古朴的气息。柱面上部为镂空的虎符图案，内置 LED 反光灯，面饰透光云石面板，对三国军事文化主题进行呼应。站点空间的色彩以大面积的灰色、米白色及木纹色构成。空间照明结合顶棚装饰形式采用线性灯具进行功能照明（图 2-21 ~ 图 2-24）。

空间三国文化的主题则是通过艺术墙实现。艺术墙采用 40mm 厚仿古岩面材质，以五虎上将肖像作为造型元素，以镂空深浮雕的创作手法展现三国人物的神情韵味。

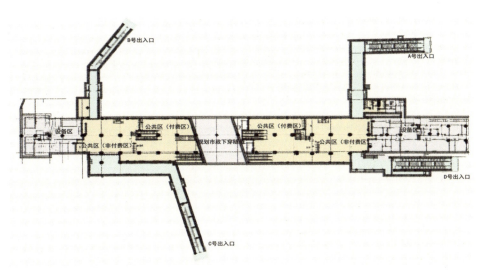

图 2-21 车站总平面图（来源：项目组成员绘制）

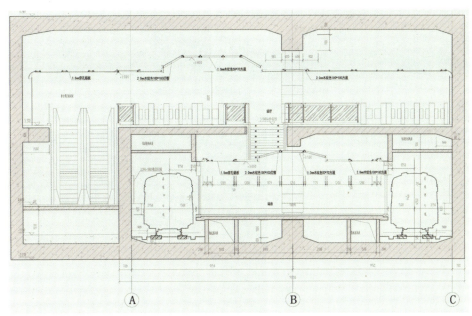

图 2-22 车站剖面图（来源：项目组成员绘制）

图 2-23　成都地铁 3 号线马超西路地铁交通站点方案效果图（来源：项目组成员绘制）

图 2-24　成都地铁 3 号线马超西路地铁交通站点（图片来源：自摄）

2.2.8 成都地铁 8 号线江安校区地铁交通站点

四川大学江安校区地铁交通站点位于川大路中与羊双路交叉口处，因其西北面毗邻百年学府四川大学江安校区，故而得名。该站点始建于 2017 年 9 月，于 2020 年 12 月通车，历时 3 年有余。该站总建筑面积 15857m²，地下二层岛式站台，柱距为 9m。站点梁下高度 4.05m，站台梁下高度 4.05m，设有 A、B、C、D 四个出入口。除现有车站所在的西、北向为已建四川大学江安校区，未来出入口附近将规划为教育与医疗用地。

因四川大学江安校区站周围文化分布有四川大学江安校区及四川大学美术馆，故该站以四川大学放眼未来的国际战略为文化定位。由于四川大学江安校区为新校区，因此它被赋予的内涵是"未来、青春、活力"。设计师以抽象的书本肌理为设计造型元素，通过造型元素的阵列、变化，从而构建了一个充满朝气又具有文化气息的车站空间。结合建筑柱体单柱的形式，设计师将柱体与顶棚综合考虑，形成一体化的设计。以柱体为空间造型的出发点，设计师采用白色铝合金弧形烤瓷梭形挂片作扇形排列，隐喻翻开的书页，通过 3mm 厚白色铝板作背衬间接固定在柱体结构上。为了保持空间造型的流畅性，该站将书本肌理的设计元素延展到纵向顶棚，形成了独特的节奏感。横向顶棚则由 1100mm 宽的白色弧形铝板构成造型基本单元，结合建筑层高及综合管线管底高度进行统一设计。墙面采用 1100mm 宽的白色通长铝板与顶棚铝板模数对应，形成向上延伸的视觉效果。整个空间的色彩以白色为底，以冰蓝色灯光营造出蓝色空间氛围，呈现出放飞梦想的蓝天以及作为新校区的青春活力，承载着百年川大的历史使命，在新时代中四川大学也一定会飞得更高、更远。空间视觉中心在造型演绎的同时，加入蓝色装饰灯光的渲染，从而强化文化主题表现。车站空间照明结合线光源和面光源综合设计，柱体采用的梭形挂片造型，在挂片侧面嵌入定制冰蓝色 RGB 柔性灯条作装饰照明，顶棚两侧弧形铝板设置弧形灯槽，与柱面灯光相呼应；铝板艺术雕刻灯箱作面光源，承担主照明功能，使空间更为灵动，赋予青春的气息，从而强化了空间文化主题的表现（图 2-25 ～图 2-27）。

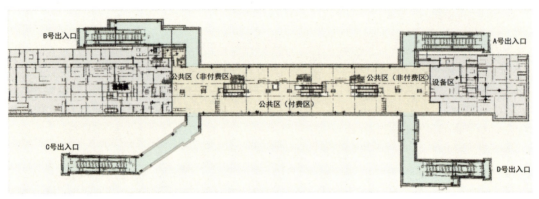

图 2-25 车站总平面图（来源：项目组成员绘制）

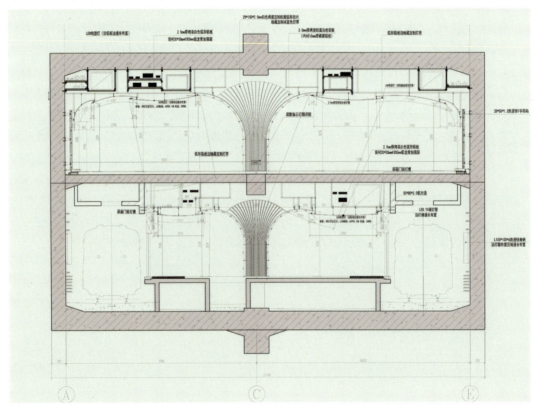

图 2-26 车站剖面图（来源：项目组成员绘制）

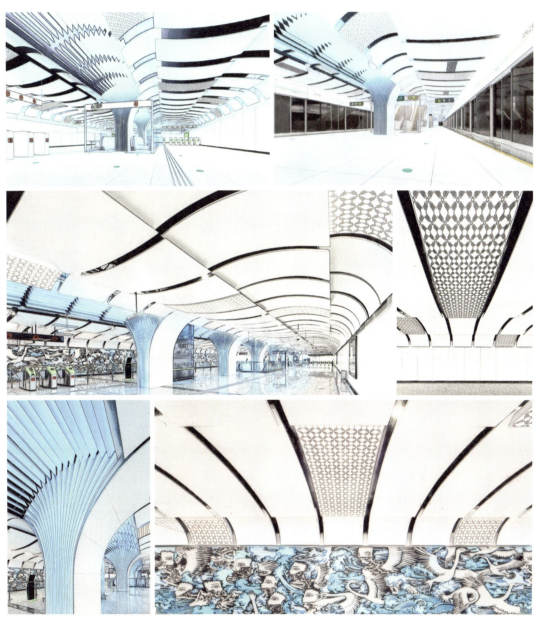

图2-27 成都地铁8号线江安校区站（来源：项目组成员绘制）

该站的点睛之笔是艺术家熊宇以《风华正茂》为主题的文化艺术品，该作品为长39.4m、高2.9m陶瓷壁画。设计师以四川大学江安校区最典型的视觉形象记忆蓝天、绿树（草坪）、碧水、飞鸟、朝气蓬勃的青年学子为主要创作元素，以人与环境、自然融合作为基本理念，巧妙地将飞奔的青春、蓬勃的人与飞鸟、花儿、天空（气流）、海洋（碧水）融为一体。画面中带翅膀的少年象征着年轻一代的奋斗与理想，也暗含了年轻一代放眼未来的精神面貌。艺术家采用了中国传统山水绘画的散点构图方式，却能让观看者体验到了现代艺术的趣味。（图2-28～图2-31）

图2-28 专题艺术品深化创作方案（来源：自摄）

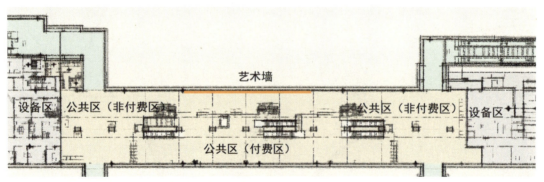

图2-29 专题艺术品深化创作方案位置示意图（来源：项目组成员绘制）

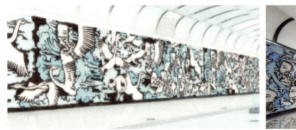 

图2-30 专题艺术品深化创作方案场景示意图（来源：项目组成员绘制） 图2-31 成都地铁8号线江安校区地铁交通站点（来源：自摄）

2.2.9 成都地铁 3 号线红牌楼地铁交通站点

红牌楼地铁交通站点位于二环路与佳灵路口交叉口西侧，大致呈南北向布置，是成都地铁 3 号线一期中间站，该站点始建于 2012 年 4 月，于 2016 年 7 月开始通车，历时 4 年有余。车站建筑面积 9440m²，地下二层岛式站台。

该站因当地标识性建筑"红牌坊"而得名。红牌坊建于明代，是汉藏团结、文化兴盛的历史见证。设计以红牌楼独特的造型结合藏族文化符号，从而体现汉藏友好的设计主题。设计师对红牌楼的建筑形式进行提炼，以红牌楼为基本设计要素，巧妙结合车站单柱双跨的建筑结构形式，对建筑空间进行二次塑造。站内顶棚大面积采用蓝色无机涂料喷涂，以红色铝合金方通构建成玲珑有致的红牌坊，形成经典的红蓝配色，地面采用浅灰麻花岗石，使空间更加稳重大气，从而呈现一个古典又具有藏族文化风情的空间。柱体则采用铝板饰面，米色石材作柱脚，与红牌坊相呼应，形成独特的空间构成形式。灯光则以面光源和点光源为主，结合顶棚装饰形式综合设计，极好地营造了恢宏、大气、沉稳的车站空间氛围。（图 2-32 ~ 图 2-35）

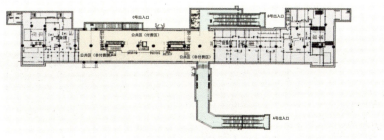

图 2-32 车站总平面图（来源：项目组成员绘制）

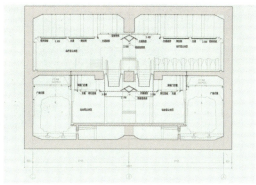

图 2-33 车站横剖面图（来源：项目组成员绘制）

图2-34 成都地铁3号线红牌楼地铁交通站点方案效果图（来源：项目组成员绘制）

图 2-35 成都地铁 3 号线红牌楼地铁交通站点（来源：自摄）

作为空间的重要组成部分，该站专题艺术品是以"红楼荣景"为文化主题的大型瓷砖壁画。由于红牌楼不仅是蜀王迎接西藏同胞的场所，也是明代商贸繁荣的场镇，中华民族团结、商旅兴盛由此可见一斑。故设计师通过红牌坊、官员、藏族人民歌舞等场景刻画，体现汉藏两族人民团结友好、互通有无的繁盛景象（图 2-36 ~ 图 2-39）。

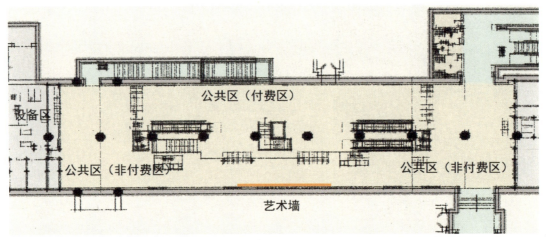

图 2-36 专题艺术品平面示意图（来源：中铁二局集团装饰装修工程有限公司制）

图 2-37 专题艺术墙草图（来源：项目组成员绘制）

图 2-38 专题艺术创作方案场景示意（来源：项目组成员绘制）

图 2-39 成都地铁 3 号线红牌楼地铁交通站点（来源：自摄）

2.2.10 上海地铁15号线吴中路地铁交通站点（地铁设计公共文化空间代表）

吴中路地铁交通站点位于上海市徐汇区、闵行区分界处，吴中路桂林路（宋园路）路口，始建于2017年9月，于2021年1月开通，历时3年有余。该站为地下岛式站台。

设计师秉承把功能性的地铁交通站点打造为公共文化空间的设计理念，通过把吴中站打造成上海的象征场所，从而体现了设计师对展厅式地铁交通站点设计的深度思考。站点空间采用净跨21.6m的预制大跨度拱形结构，最大程度还原了结构之美。站点两侧通过抽象的弧形摩天大楼设计元素构成城市天际线造型，长约七八十米。设计师采用端墙设置镜面形成反射的处理方式，营造了绵延不绝的城市意象空间。具体而言，构成城市天际线造型的城市景观模块由三层共5种规格孔径的冲孔铝板层叠组成，通过地面主龙骨上焊接次龙骨进行安装。背后衬以深灰色的弧形穿孔铝板，避免沿墙敷设的设备管线外露，保证了装修面的整洁。同时，城市天际线造型墙前方的挡水墙采用玻璃材质的处理方式，既满足了地铁设计规范要求，又营造了城市景观如同海市蜃楼的视觉效果。基于站点空间端墙设备与开孔众多的客观因素，设计师延续城市轮廓线的理念，把众多设备与孔洞整体设计，采用线下为拉丝不锈钢、线上为镜面不锈钢的设计手法，形成材质表面肌理的对比，具有延伸站点空间两侧城市景观的作用。该站出站通道和站内楼扶梯部分，延续了城市天际线的设计主题，通过LED动态灯线对进站乘客进行流向引导，不仅有装饰构成效果，也实现了疏散指示功能的担当。材质方面，设计师在墙面运用铝板做几何形的平面构成，线上为光面，线下为磨砂面，地面则是碳黑色荔枝面花岗石，顶面是深灰色光面铝板来建构通道空间界面，使通道空间呈现出通往未来世界时空隧道的视觉效果。该站通道门套与原建筑混凝土拱顶完美贴合，采用GRC材料预制拼装而成。设计师利用预制双曲面LED灯带，与门套造型整合设计，形成了光之门，借助于倒影，构成了门的独特造型。就设计手法而言，与安藤忠雄的《光之教堂》有异曲同工之妙。站台空间的顶棚设计借助LED灯带，将上海地铁运行图的轨道造型融入深灰色铝方管。同时，LED灯光的运行轨迹与列车同向，承担着空间导向的作用。

站点的设计难点是功能性的设备安装与装修艺术效果的冲突。设计师通过把原安装于顶棚位置的空调风口、喷淋、照明灯具、摄像头、疏散指示等设备末端都安装在隐蔽的角落。首先，将消防喷淋管伪装成装饰线，嵌入预制结构板之间的缝隙；其次，将提供拱顶照明的泛光灯藏于深灰色铝板城市背景墙下，从地面打亮顶棚；再次，将风口部分设置在站点端墙顶部，部分结合站内扶梯设计成通风矮墙。矮墙处理成楔形，上窄下宽，下端四周饰以连续灯带，起到了弱化了拉丝不锈钢矮墙的体积感；最后，墙面摄像头等设备则安装于城市背景墙后方龙骨等。通过这一系列的处理方式，形成了清爽的空间效果。

该站点的照明设计采用智能控制的泛光照明系统。在装饰照明方面，空间中设计了以光造型的城市天际线。城市天际线造型借助于全局点光源 LED 照明模块和局部 LED 照明模板，使站点空间呈现出万家灯火的视觉效果。在功能照明方面，采用隐藏在天际线背景板后泛光照明系统来满足空间照度要求，这种见光不见灯的设计手法，营造了柔和的空间氛围。同时，灯光照明系统还可通过智能控制，配合场景来实现色彩与图形变化，从而呈现充满变化又具有科幻感的空间效果。

综上可见，上海吴中地铁交通站点是技术与艺术高度融合的典范，技术成为艺术完美呈现的有力保证。毫无疑问的是，吴中站的建设在中国城市地铁建设中具有里程碑的意义（图 2-40、图 2-41）。

图 2-40　上海地铁 15 号线吴中路地铁交通站点 1（来源：自摄）

图 2-41 上海地铁 15 号线吴中路地铁交通站点 2（来源：自摄）

现代城市地铁交通站点环境设计

The Modern City Subway Station Environmental Design

第三章
城市地铁交通站点主要空间

3.1 城市地铁交通站点功能空间

地铁车站建筑根据使用功能,可将车站分为公共区和设备管理区。公共区主要供乘客使用,设备用房区主要满足车站运营相关功能和内部管理使用。公共区部分一般由出入口及通道、站厅公共区、站台公共区三部分组成,分别担任乘客进出车站的通道,乘客安检、购票、检票和前往乘车及离开车站的衔接区域,乘客等候及上下列车区域的作用。设备管理区部分一般由设备用房、管理用房以及风道和风亭、其他附属设施四部分组成,分别担任为地铁运营提供通风、供电、通信、信号等设备放置的区域;地铁管理人员办公、休息的区域;由通风机房延伸至地面,满足车站及区间通风、排烟要求的区域、冷却塔等的作用。在此,我们主要讨论公共区及地面附属建筑设施部分。

3.1.1 地面附属建筑设施

地面附属建筑设施是地铁交通站点的重要组成部分之一,是城市与地下空间的纽带,由车站出入口、无障碍电梯厅、安全出入口、风亭、冷却塔等构成。

(1)地面厅出入口

地面厅为出入口地面部分维护结构,提供遮蔽功能,为供乘客出入轨道交通车站使用的进出设施,是地铁车站与地面城市衔接的重要节点。按照地面厅与周边地面的位置关系,可以将其分为与周边建筑融合式和独立式两种形式。当车站出入口与周边建筑物通过地下部分空间进行有效连接时,我们称之为与周边建筑融合式出入口。这种形式,可以最大程度地利用地下空间,使乘客不用走到室外,便可以实现空间功能转化,并且也减少了因单独设置出入口而对城市景观造成的影响。而独立式出入口位置清晰明了,方便乘客寻找,根据其建筑形制,又可以分为有盖出入口和无盖出入口。无盖出入口即在出入口周围设置栏杆等低矮围护结构,而不设置顶棚的建筑形制。因此,无盖出入口的优势在于减少了地铁车站出入口对周边市政环境的影响。但同时,它也存在一定的功能缺陷,例如防洪、防水、节能等方面。同时,无盖出入口强调了地面与地下之间的空间感受;有盖出入口则更为常见,乘客进出车站时,有盖出入口作为缓冲空间,可以为乘客遮风挡雨(图3-1、图3-2)。

不论是选用什么样式的地面厅出入口，其在设计时都需要考虑以下几点：

①出入口是供乘客进出地铁车站的设施，应根据所在位置地面规划和道路具体情况布置，一般布置在道路两侧的道路红线外或路口拐角处。

②地铁交通站点出入口可结合城市规划统一考虑，设置成独立出入口或与周边建筑物地下空间结合建设，有条件时应结合地下过街通道设置。

③车站出入口根据客流方向的需求设置，每座车站不少于2处；分离站点的车站，每个站点不少于2处。

④出入口地面厅形式应结合当地气候条件设置。

⑤出入口分为通道段和扶梯段，扶梯段一般由自动扶梯和楼梯组成，根据不同的高度和需求进行不同的排列组合。

图 3-1 武汉地铁王家墩东交通站点（来源：自摄）

图 3-2 北京地铁将台交通站点（来源：自摄）

（2）无障碍电梯厅

为方便行动障碍者和视觉障碍者进出和乘坐地铁，地铁车站须设置无障碍电梯。无障碍电梯一般位于地下车站出入口，地面厅附近，供残障人士和其他有需求人士进出地铁使用。无障碍电梯厅由电梯井道、休息平台、轮椅坡道组成，根据各个城市的要求不同，有的还会设置候梯厅。在设计过程中，无障碍坡道及休息平台的坡度、宽度设置须满足相关规范要求，以保证轮椅的正常使用。电梯井道常见的结构形式有混凝土结构和钢结构，国内以混凝土井道结构居多。当无障碍电梯厅位于路口转角处或对视线通透性有要求的位置时，须采用钢结构与玻璃结合的形式。

（3）安全出口

安全出口是指在紧急情况下，供车站内的人员能安全疏散到室外安全区域的出口和供消防人员快速进入车站扑救的入口。一般位于地下车站设备管理用房区集中一端的主体外侧，供车站设备用房区防灾安全疏散和必要时工作人员进出使用。安全出入口在设计时，应尽量减小体量，弱化出入口对周边环境的影响。（图3-3）

图3-3 成都地铁市二医院交通站点安全出口（来源：自摄）

(4) 地面风亭

地面风亭是站内通风道凸出地面部分的建筑物，主要作用是供车站公共区、设备用房区通风、空调引入新鲜空气和排除废气使用，事故时作为排烟口使用。

风亭按照其作用可分为新风亭、排风亭以及活塞风亭。在满足功能的前提下，风亭可根据地面建筑的现状或规划要求进行集中或分散布置。为减小风亭对周边市政的影响，在满足地铁风亭的设计规范及技术的要求下，风亭宜与周边地面建筑结合设置。

同时，在现行《地铁设计规范》（GB 50157-2013）中也对不同类型的风亭在设计上做了严格的规定（表 3-1）：

风亭类型及设计要求

风亭类型	需满足的设计要求
侧面开设风口的风亭	进风、排风、活塞风口部之间的水平净距不应小于 5m，且进风与排风、进风与活塞风口部应错开方向布置或排风、活塞风口部高于进风口部 5m；当风亭口部方向无法错开且高度相同时，风亭口部之间的距离应符合本规范 9.6.3 条第 1、2 款的规定
	风亭口部 5m 范围内不应有阻挡通风气流的障碍物
	风亭口部底边缘距地面的高度应满足防淹要求；当风亭设于路边时，其高度不应小于 2m；当风亭设于绿地内时，其高度不应小于 1m
顶面开设风口的风亭	进风与排风、进风与活塞风亭口部之间的水平净距不应小于 10m
	活塞风亭口部之间、活塞风亭与排风亭口部之间水平净距不应小于 5m
	风亭四周应有宽度不小于 3m 宽的绿篱，风口最低高度应满足防淹要求，且不应小于 1m
	风亭开口处应有安全防护装置，风井底部应有排水设施

（5）冷却塔

冷却塔的工作原理是在一系统中利用水作为循环冷却剂，让其吸收热量后排放到空气中，以达到降低水温的目的。一般位于地下车站靠近主体内冷冻站一端的风亭附近，使站内空调系统与室外环境发生热交换，完成空调功能。

按照冷却塔设置位置，可以将冷却塔分为地面式、半下沉式和全地下式。不论设置位置如何，其在设置时首先应满足工艺要求。同时，地面冷却塔在设置时，其选址、颜色和造型上还应考虑周边环境，以满足城市规划、环保及景观要求。

3.1.2 站厅层

站厅层是乘客安检、购票、检票以及前往乘车、离开车站的衔接区域，也称车站大堂，主要供乘客进出站，完成售票、检票的整个过程，内部布置售票、检票设施、乘客服务设施和垂直交通设施等，一般设在站台上方、下方或贴邻站台，并应集中布置。通常根据运营管理的需要，将站点层大体分为非付费区与付费区两部分，如图3-4所示。

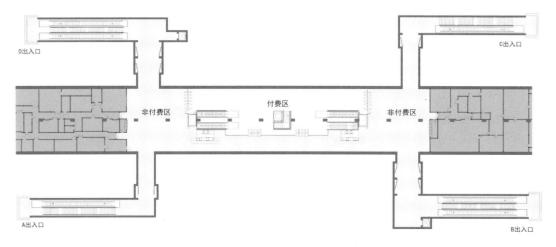

图3-4 站厅层平面图（来源：中铁二局集团装饰装修有限公司制）

（1）非付费区

非付费区是乘客进入检票闸机前的公共空间，它主要包含进出站通道、售票、安检、检票的区域。非付费区应便于运营管理，具有一定封闭的空间。站点非付费区内通常还布置电话、自助售票机、商铺等供乘客使用，但这些辅助设施不能布置在影响疏散的区域。

①进出站通道

地铁进出站通道是联系地面与站内空间的通路，具有乘客进出车站、疏散、分流客流的功能，形成了交通流线上的过渡空间和转换地带。完整的地铁出入口由地面建筑、垂直楼梯或电扶梯、无障碍电梯以及通道组成。出入口通过线性的通道空间与站点相连，乘客经由此从开敞的室外空间进入封闭的地下空间，心理及生理感受也经历了相应的变化。通常情况下，为保证高效有序地疏散，每个车站的出入口数量不能少于两个。出入口宽度一般根据经验判定，并经通过能力计算校核。出入口及通道的平面布局形式大致有T形、L形、U形、J形、Y形五种（图3-5）。

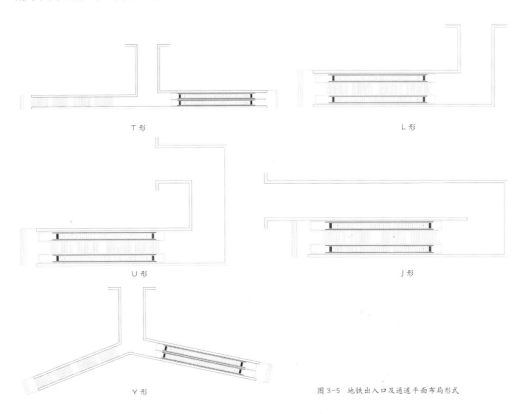

图3-5 地铁出入口及通道平面布局形式

②自助售票区域

自助售票区域是乘客自助购买地铁乘车票的区域，应布置在乘客进站流线附近，不得阻碍乘客进出站及疏散。在选择自助售票机设置位置时，应当考虑在其前部保留一定的等候区域。自助售票机及其乘客等候区域均不应侵入乘客进出站流线。同时，自助售票机背面与墙面的距离也应满足工艺要求。自助售票机的安装方式分为嵌入式安装和独立式安装两种，嵌入式自助售票机方便车站工作人员维修和更换售票箱（图3-6）。

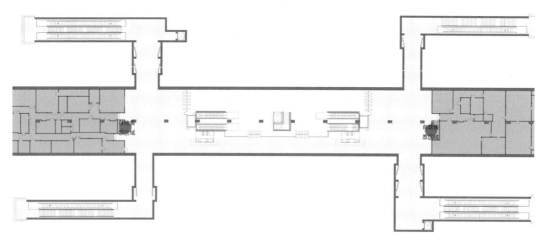

图3-6 自动售票区域（来源：中铁二局集团装饰装修有限公司制）

③安检区域

安检区域是乘客进站乘车必须经过的空间，也是地铁安全保障的重要区域之一。其设置位置须根据客流组织需要确定，国内安检区域一般设置在站点层检票进站区域之前。由于安检区域的特殊性，为避免安检过程中因进站人流排队，而对过街及出站人流造成影响，因此安检区域通常是在与出入口等人流交叉点间隔一定距离后，平行于车站长向的方向设置（图3-7）。

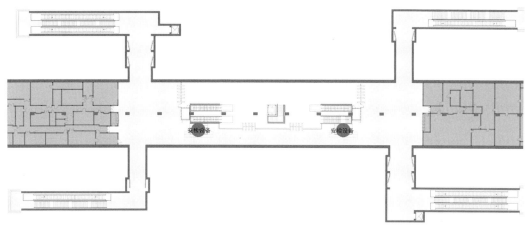

图 3-7 安检区域（来源：中铁二局集团装饰装修有限公司制）

④检票区域

检票区域是检验乘客进出站票证的区域。检票区域的设置应符合相关规范及技术要求（图 3-8、图 3-9、表 3-2）。

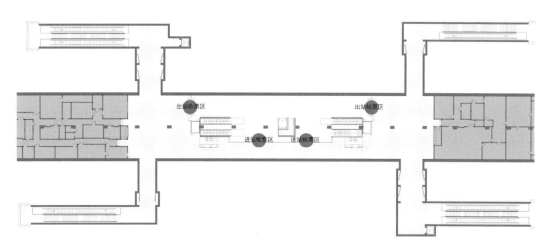

图 3-8 检票区域（来源：中铁二局集团装饰装修有限公司制）

图 3-9　广州地铁 21 号线山田交通站点（来源：自摄）

检票口设计要求　　　　　　　　表 3-2

名称	最小尺寸
出站检票口与出入口通道边缘的距离	5.0m
出站检票口与楼梯边缘的距离	5.0m
出站检票口与自动扶梯基点的距离	8.0m
进站检票口与楼梯口的距离	4.0m
进站检票口与与自动扶梯基点的距离	7.0m

⑤乘客服务中心

乘客服务中心是帮助乘客解决在乘车过程中遇到的问题和提供咨询的人工服务点。国内乘客服务中心通常兼顾售票厅功能，除满足乘客问询外，内部还设置有半自动售票机、查询机等设备。乘客服务中心平面布置一般设置在站点内明显的地方，便于乘客找到（图3-10、图3-11）。

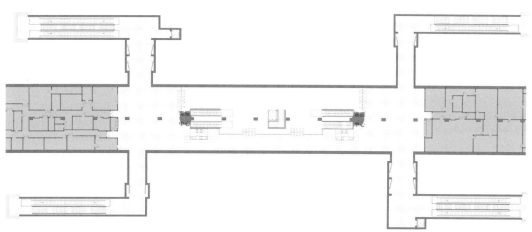

图3-10 乘客服务中心（来源：中铁二局集团装饰装修有限公司制）

图3-11 广州地铁21号线天河公园交通站点（来源：自摄）

⑥垂直交通区域

垂直交通区域是负责联系站点、站台的重要功能区，由楼梯、自动扶梯、垂直电梯三部分组成，以满足不同人群使用需要。位置通常在站点中部，将站台乘车区域三等分。数量则根据人流量计算确定（图3-12、图3-13）。

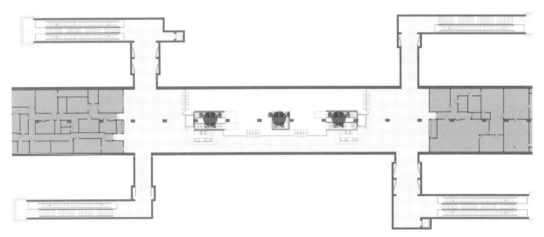

图3-12 垂直交通区域（来源：中铁二局集团装饰装修有限公司制）

图3-13 成都地铁8号线三元交通站点（来源：自摄）

（2）付费区

付费区是供乘客检票后使用的站点公共空间，应保持与非付费区的完全分隔。付费区内不宜布置与乘客集散功能无关的商铺等设施。国内地铁站通常采用不低于1.1m的可透视栅栏来分隔付费区与非付费区。同时，为了紧急情况疏散及车站工作人员进出，一般会在进出站闸机及票亭旁设置向疏散方向开启的平开栅栏门。

3.1.3 站台层

站台层是乘客上下列车的区域，主要供列车停靠站、乘客候车及上下列车。

（1）站台规模

①站台长度的确定

车站站台长度必须满足相关规范要求，由采用列车最大编组数的有效长度与停车误差之和，有效长度和停车误差应符合规定：有效长度在无站台门的站台应为列车首末两节车辆司机室门外侧之间的长度；有站台门的站台应为列车首末两节车辆尽端客室门外侧之间的长度。停车误差当无站台门时应取1~2m；有站台门时应取±0.3m之内。

②站台宽度的确定

站台宽度应按照规范要求的客流预测公式计算获得。但往往通过客流预测的公式计算并不能完全反应所设计车站客流真实情况，由于城市化进程的加快以及大量人口涌入城市，多数情况下车站客流量增长速度快，现阶段不少车站的公共区面临拥堵的现象，因此尚应根据车站在线网中的重要性和车站所处地区规划和现在限制条件，适当增加车站站台宽度，以便应对潜在的突发客流风险。（表3-3）

车站站台各部位的最小宽度（m） 表3-3

名称		最小宽度
岛式站台		8.0
岛式站台的侧站台		2.5
侧式站台（长向范围内设梯）的侧站台		2.5
侧式站台（垂直于侧站台开通道口设梯）的侧站台		3.5
站台计算长度超过100m且楼（扶）梯不伸入站台计算长度	岛式站台	6.0
	侧式站台	4.0

（2）站台形式

轨道交通车站站台由乘客乘降区、乘客集散区和垂直交通设施构成。站台形式可分为岛式站台、侧式站台、组合式站台三种。

①岛式站台

岛式站台是位于上、下行线路之间的站台。岛式站台对于站台的空间利用率高，两侧均可上下列车，且站台唯一，不容易造成乘客因下错站台而往返的情况。一般用于客流量较大的车站。

②侧式站台

侧式站台是位于一条轨道线路侧边的站台，该站台只能服务于一条轨道线路上的列车。相较于岛式站台，侧式站台因一侧不受轨道控制，因此，在现场条件允许的情况下，远离轨道一侧可根据需要改扩建。甚至可与其他线路行程同站台换乘的换乘形式。正是因为站台被轨道分割，乘客需要通过站厅、换乘通道等才能到达另一侧站台，因此不便于快速搭乘反方向列车。

③组合式站台

组合式站台是侧式站台与岛式站台的结合，同时服务于多条轨道上的列车，有单边侧式和双边侧式两种。

（3）站台组成

轨道交通车站站台由乘客乘降区、乘客集散区和垂直交通设施构成。

①站台门（屏蔽门与安全门）

站台门是在站台上用玻璃幕墙包围站台边缘的设备。当列车进站时，自动开启，平时则关闭。其目的是保障乘客上下车及等候列车时的安全。目前我国新建地铁线路均设置站台门。依据空调系统的不同要求，分为安全门与屏蔽门两类。

②车站楼（扶）梯

车站楼（扶）梯的布置原则为车站楼扶梯应对应列车停靠位置均匀布置，一般 2~3 节车厢对应布置一组楼（扶）梯。车站楼（扶）梯布局时，前部应留有一定的集散空间，保证乘客顺利集散。对于站台上横向流动乘客较多的站台，一般在楼梯侧面应留有通行空间。车站楼扶梯设置数量须根据客流量及车站规模确定。

③无障碍电梯

无障碍电梯即可容纳残疾人轮椅的垂直电梯。它既能满足无障碍设计，又能为托运行李的乘客提供方便。一般情况下，无障碍电梯设置在站台中部，能够均匀照顾到各个方向的乘客。

3.1.4 功能设施与城市家具

地铁车站作为城市交通节点，是一个注重功能性的建筑。因此，其空间环境中的功能设施与城市家具也是为了满足交通节点的使用和运营需求。地铁车站中功能设施与城市家具除了包括以上提到的地铁车站必需的自助售票机、安检机、闸机之外还包含休息座椅、垃圾桶、自动售货机、银行柜员机等。这些功能设施及城市家具根据其用途，有不同的设计和布置原则。随着人们需求的不断提高，这些功能设施及城市家具不仅为车站空间提供了基本的功能保障，也提高了地铁车站的服务质量，彰显了轨道交通行业对人性化的关注。

（1）座椅

①休息座椅的设置原则一般为不影响人流通行，根据需要、车站规模及客流量确定数量并根据实际空间功能需要放置。

②座椅在符合人体工程学的同时，为节约时间，疏散人群流通，应避免方便乘客躺下，造成公共设施空间的浪费和行人的长时间停留。

③在同一条地铁交通线路内的座椅形式风格尽量保持统一，材料、颜色与整条线的设计风格协调一致，并注意设计要素的把握，使之成为体现车站识别性的手段之一（图3-14、图3-15）。

图3-14　西安地铁2号线会展中心交通站点（来源：自摄）　　　　图3-15　上海虹桥一号航站楼（来源：自摄）

（2）垃圾桶

①垃圾桶位置的设计原则一般是放置在人流进出站路径旁或者乘客易停留的位置，应方便乘客使用，且不得影响人流通行，一般间隔10～20m设置一个，例如出入口、靠墙处、休息座椅等附近（图3-16）。

②当设置在站台时，因可用墙面较少，可靠柱子或三角房设置。同时，各车站放置的垃圾桶数量不是固定不变的，应根据车站规模、客流量等综合因素确定。

③垃圾桶在材质上一般选择不锈钢，也可根据车站整体风格进行特殊设计。根据防爆要求，垃圾桶造型不得完全封闭，须采用镂空造型，内部可见（图3-17）。

④垃圾桶应以批量生产为前提，但也应顾及整体装饰效果的协调统一。

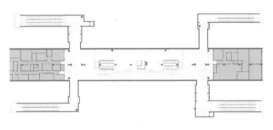

图 3-16　垃圾桶点（来源：项目组成员绘制）　　　　图 3-17　西安地铁 2 号线会展中心交通站点（来源：自摄）

（3）自动售货机等自助设备

①自动售货机布置原则一般是在出站人流附近布置，乘客出站时能看见相关设备，从而提高商业利用价值。

②一般在站厅靠墙或柱设置，便于设置插座、网路插口等设备。（图 3-18）

③布置时应预留排队区域，避开人流密集区，尽量布置在站点内非付费区且不影响乘客进出站及安全疏散的部位。（图 3-19）

图 3-18　上海地铁陕西南路交通站点（来源：自摄）　　图 3-19　上武汉地铁洪山广场站自助图书馆（来源：自摄）

3.2 城市地铁交通站点商业空间

3.2.1 地铁商业空间的发展

随着社会的不断发展，经济水平的迅速提高，城市基础建设的不断完备，城市的交通系统也面临着全面升级；无论是公交、铁路还是轻轨地铁，这些城市的基础交通系统都需要与时俱进。而地铁这种快捷便利且安全环保的交通体系相比较公交车更具优势，成为城市居民出行的优先选择。城市地铁线路网的逐渐完善，提高了交通的效率，为人们的生活提供了便利，由此产生了巨大的人流量。人流的聚集性、流变性是地铁交通站点的重要特征，地铁交通站点成了城市生活的重要公共空间。大量的人流量带来了对商业的需求，地铁交通站点附属的商业功能也逐渐被发展带动了起来，其商业空间已经成为站点的重要组成部分。因此，地铁站地下空间的开发利用对于城市的长期发展具有极其重要的作用。

面对地铁所处的地理位置，区位条件的不同，各个地铁站发展商业的方式也有所不同，不仅限于地铁口外的黄金地带，还有地下的商业空间；同时商业空间的布局与经营模式也需跟随地铁站点的空间构造而改变，为了适应地铁站点这种人流量巨大的交通节点空间，地铁站的商业模式也在因时而变。地铁站的商业空间由小到大主要分为四类：站内零星的自动售卖机、地铁站通道内的小型商铺、地铁站地下商业街、地铁站周围的立体商业中心。

点式商业模式的贩卖机不仅占地面积少，且无须人工投入，多自动售卖饮料、充电宝等生活必需品。点式商业模式适用范围广，而自动售卖机更是每个地铁站的标配。

地铁站通道内的小型商铺同样属于点式商业模式，主打快消费、便捷模式，其商业空间氛围更加明显，在满足基本售卖的同时提供了短暂的休息、交流功能，此种商业模式通常位于售票处、出入口等地方。

地铁站地下商业街属于带状商业空间，此种商业模式大部分依托于周边原有的商业空间，适用于城市中的商业区、地下人行通道等人流量较大的区域，地铁站点与周边的商业空间和交通系统相连接构成了带状的地下商业街。该商业空间由单纯的快销转换为受众群体更为广泛的消费场所，如奶茶、快餐、便利店、流行服饰等。

地铁站周围的立体商业中心是与城市大型综合体相连接的立体化商业模式，地铁的交通功能不仅满足于乘客，且面向商场的消费群体，是集交通枢纽、休闲购物、餐饮娱乐等多功能为一体的综合体商业空间。

不论采用哪种方式，地铁对于促进城市商业经济的重要作用都是毋庸置疑的。商业与轨道联合开发不仅能够提高公共空间的综合利用率，还可以实现轨道交通和商业资源的互补。轨道交通带来的巨大人流量能保障沿线商业拥有充足的客源。同时，商业空间的落地不仅为有需求的乘客提供了服务，也在无形中为乘客创造了隐形的消费需求，这种人流量所带来的长期潜在优势为周边商业的发展提供了不可估量的作用，且最终这些商业价值也会回馈于地铁交通，降低了地铁建设运营维护的成本，实实在在地创造了双赢。为了最大化联合开发的经济效益和社会效益，更多地铁交通站点，尤其是枢纽站点在设计时结合商业、写字楼、酒店等物业形成了城市综合体，这也是未来商业与轨道交通结合的设计发展趋势。

3.2.2 地铁交通站点商业空间开发分析

城市中人口的增加导致人均居住空间减少，使城市土地资源变得越来越珍稀，为了改善这种情况，城市将发展目光转向地下空间，其中地铁交通站点的设计及其相关的地下商业空间的发展与规划利用是节约城市土地资源的重要策略。加之城市中地面环境日益恶化、有限的绿地景观以及大气污染严重，具有极强商业目的的办公大楼和大型商场等建筑，而发展地下商业空间，因其本身具有聚集作用，将城市中心区商业建筑相对密集区域里高密度的人流进行有效的疏散与分流，进而缓解以上问题并且解放城市地面空间，人们通过乘坐有组织的公共交通，减少城市中小汽车数量与排放出的大量尾气，减轻城市生态污染。

地铁交通建设与商业开发有着互相作用的关系，一般市政建设地铁交通的重要部分在站台、站厅和出口通道，如果将这几个施工重点适当的结合，对地下商业空间的开发是对地铁站空间的使用率提高有显著效果的，以及与地铁站附近的商业空间进行连接，也有利于增强以地铁站为中心的周围商业建筑地下空间的通达性和利用价值。以一种多功能立体的开发模式，将地铁站一定范围内的商业资源视作一个整体进行考虑规划，对其进行开发整合，通过一定方法合理地整合多种必要功能空间，如地铁口、地上商业、地下商业、停车场等，并将这些要素有机结合，形成一个集休闲娱乐、购物、交通等功能为一体的商业体系。这种结合不仅方便了人们出行换乘，同时也将换乘空间丰富了起来，甚至满足了一部分人在乘车途中的消费需求。在进一步增加地铁的客流量时，社会效益和经济效益也同时得到了提高，进而提高了整个城市空间的使用效率。

地铁交通站点商业依托地铁而建，它最大的优势就是便捷的交通功能，而如今诸多城市中交通阻塞是最大的问题，传统商业因交通不便导致大量客源流失，地铁交通站点商业借助这交通可达性的优势不仅会激活本站地上地下的共同发展，甚至会吸引几站之外的顾客前来购物，使其拥有比传统商业更为宽广的辐射范围。如果可以把地铁带来的人流量转化为促进地铁商业空间发展的重要因素之一，最终支撑起整个地铁长期稳定的发展，而形成一个地铁与地下商业空间互助互利的良性循环。

对地下空间商业性的开发，能够在一定程度上解决建设地铁时的投入大、成本回收周期长等问题，地下商业空间的开发将人引流到地下带来巨大商机的同时，也为人们提供不受天气与气候约束的舒适购物、餐饮、休闲的环境，更多人会享受这样的商业空间体验，地下商业空间的蓬勃发展也将积极地促进地铁运营，为城市经济发展创造价值，激发城市发展活力。实现城市资源土地的高效利用，缓解城市地面交通用地压力，开发更多的地下公共服务设施，提高城市整体经济效益，人们提供更加便捷的服务和构建立体化交通体系等多方面起到积极作用。

3.2.3 地铁商业空间设计

地铁线路及地铁的站点常常位于城市的重要中心区、人流聚集区及公共活动集中区，所以发展地铁商业是一个城市发展的必经之路。地铁的发展给站点附近的商业带来了巨大的商机。不仅如此，地铁里的商业经济所带来的效益的增强反而是可以给予地铁线路的规划建设和后期的维护修缮一定的支撑。等到地铁的商业空间能够发展到一个稳定成熟的商业区域时，将吸引更多的人来进行消费、搭乘地铁，实现两者共赢的局面。

实现共赢的前提，是要将地下商业空间的布局与地铁交通站点空间进行合理的规划，两个空间需要有交流、互动与过渡。地铁商业空间常常作为轨道交通枢纽和地面之间的必经区域，它将地下单一的客流量动线多样化，当进行人流疏解时，商业结合轨道交通空间的方式可以促进人流组织的高效进行，使单一的地下商业空间活泼化，更有利于吸引人们对路径的选择。

地铁交通站点与周边的商业空间之间的结合形式基本有 6 种方式：

①站点水平直接结合：这种结合形式是属于站点直接连接同层水平方向发展的商业空间或者也有同层分散式的站点与商业混合连接（日本多采用这样的结合方式）。

②垂直层叠结合：垂直层叠结合是指地铁交通站点与商业空间呈上下分化布置的形式，一般通过垂直交通连接。

③下沉式的广场结合：属于半室外的类似于"开敞式"的地下商业空间模式，作为连接下沉空间与地面空间的一个节点，又可以作为轨道交通枢纽向附近周边商业空间延续的过渡空间，下沉式广场是一般位于地下一层或者往向下延展的一个位置。

④通道结合：这是几种结合方式中常见的，是属于水平向的通道空间模式，主要是通过通道将轨道交通枢纽站和周边的大型商业空间直接连通结合，这种方式下的空间联系最为直接，但是受局限性比较大，通道的通行空间容易受限，增加人流的通行时间，效率偏低。

⑤公共转换大厅结合：这样的结合方式是指类似于一些建筑中庭或城市公共空间来进行轨道交通和商业空间的过渡。公共转换大厅是具备综合性、多功能的一个灵活空间，通常出现在轨道交通商业空间或作为换乘、消费等多功能的转换厅来过渡地铁交通、商业空间和地面的人流。

⑥出入口共享结合：共享出入口是采取轨道交通和其商业空间结合共用一个底面出入口的方式。地下轨道交通的出入口和商业空间的结合，可以便捷有效地增加和聚集人流量。

这6种结合方式，其中站点水平的连接、垂直层叠结合、通道结合属于直接相连接方式，而下沉式广场结合、公共转换大厅结合、出入口共享结合属于间接式的空间结合连接方式。

在考虑地铁交通站点与商业空间的结合方式的同时，也要注意地铁商业空间的交通流线规划。根据商业区（商业店铺或面状商业区）和交通路径（主要组织交通换乘或通过性强的步行通路）的区位关系，人流的路径组织可以分为两类：一类是交通路径串联整个商业空间的，另一类是交通路径和商业空间分离的。而在地下网络空间体系中：

①以交通为主要功能的区域需要快速地疏散人流，满足不同人群的需求，所以适合将商业空间和交通路径适当分隔，这种构建方式主要通过各商业店铺直接面向开敞的交通路径来吸引人群。

②以商业为主要功能的区域，特别是人流量大、客单价低、回头率低的快捷性消费区域，可以考虑商业和交通道路相结合的规划模式。这种组织模式，经营店铺坐落在交通道路的周围，不需要过多占用公共区域，不会对步行路径造成过多的拥堵压力。但是，需要注意空间尺度的具体规划，防止因行人改变行动方向而造成的人流干扰，进而产生拥堵。应该注意重要空间节点坐落的位置和出入口的方位，形成良好的空间识别性和导向性。

在地铁商业空间中，由于其位置的特殊性有可能导致舒适性上的不足，所以在地铁商业空间设计中也应当考虑一些人们的体验感官上的问题。一个充满人性化的空间，能够给乘客更加舒适放松的心理感受。除了空间的合理布局、色彩搭配等，地铁商业空间多坐落于地下的建筑内部，采光难度大，因此需要在设计之初就考虑如何更好地引入自然光并补充人工照明。地下空间其本身空间幽闭、光源不足，很容易会给人带来不适与压迫感。人工照明在心理因素上，完全比不上自然光，自然光的引入可以缓解人们对于幽闭空间的不适情况。对于轨道交通枢纽综合体的商业空间引入自然光线的要求，目前最为成熟的案例多为：开凿天窗，将自然光线引入中庭。但，天窗的具体样式则不固定，一般为矩形、拱形和弧形，天窗的布局规划则以带状和点状为主。带状天窗正下方的布局，多是道路中央的绿化带；点状天窗的正下方布局，多是小型的广场或花园。从美学的视角来看，轨道交通枢纽综合体的商业空间利用中庭引入自然光线的做法，不仅改善了地下昏暗局促的状况，还使地上地下的空间进行了联系，形成了丰富的层次空间。

在地铁商业空间中引入植物和水体，既可以调节整体空间气体的微循环，保证空气的清新程度，也可以满足人们内心对于亲近自然的需求。与此同时，轨道交通枢纽综合体的商业空间中，植物是重要的装饰性物体，不同的空间中摆放植物具有不一样的作用。在中庭与下沉空间中摆放植物，可以吸引过路人群的目光，成为视觉焦点；在走道、入口、扶梯等位置摆放植物，可以利用其趣味性减轻不停走路的无聊程度；在出入口的位置摆放植物，可以承担标识的作用，强调出入口在此处；植物的连续性摆放，下面的花盆摆放紧密，上方的植物坐落松散，如同苏州园林中雕花墙壁一般，虽隔脚步，不隔目光，既起到了空间划分的功能，又有空间渗透的作用。

水体的作用和植物基本一直，但水体给人的视觉感受和植物给人的感受是不一样的。水具有流动性，给人亲和之感，同时可以利用水体流动所发出的声音吸引人们的注意力。在轨道交通枢纽综合体的商业空间之中进行水体设计，应当合理安排其动静比例，运用好动静水体给人不同的心理感受这一特点。让空间之中，拥有合时宜的水池、喷泉，并且动静相叠，可以创造出亲水环境，提高空间的整体质量，同时利用流水，引导人们不自觉地走入设计者需要其走入的空间。尤其是在地下空间这样封闭且有些枯燥的地方，水的流动性以及发出的声音，都能给乘客的视觉及听觉带来新鲜的感受。水体位置也需要有一定的考虑，水体通常设置在空间开阔、人流量也较大的空间中，诸如中庭、下沉广场、建筑出入口等。

还有一个提高舒适性的方面就是地铁商业空间中的听觉和嗅觉环境。在地铁保证噪声被控制在合理的区间是在轨道交通枢纽综合体的商业空间中提高环境质量的一大重要点。在轨道交通枢纽综合体之中，噪声主要来源于：地铁在运行过程中由于摩擦和震动导致的噪声，过往人群走路聊天所导致的噪声。要降低噪声，保证其分贝数不高于健康线，除了可以选用合适的吸声材料进行吸声处理之外，还可以选用合适的背景音乐，这不仅可以掩盖抵消掉噪声，还可以满足人们的听觉需求，保证空间的总体质量。还有就是嗅觉上的设计，在很多高级商场中，利用温和的气味使人们能够平心静气这一特点，可以有效降低人群说话发出的噪声。轨道交通枢纽综合体的商业空间也可以引入具有芳香气味的植物、使用人工气味，这对于综合环境的提升也有重要的帮助。

所以，在地铁商业空间中结合商业空间与地铁交通站点的连接方式，从考虑其空间设计的路径流线规划和商业空间的舒适性这两个角度出发，可以很好地完善地铁商业空间的功能协作，加强与周边区域的互动，提高地铁商业空间设计的整体环境。

现代城市地铁交通站点环境设计

The Modern City Subway Station
Environmental Design

现代城市地铁交通站点环境设计

The Modern City Subway Station
Environmental Design

第四章

城市地铁交通站点环境设计方法

4.1 站点环境特征

4.1.1 地域性

"地域性"包含着一个城市的自然特征、历史文脉、社会风俗等，是某一时刻、某一地点的切片，映射着当下这个城市的各个方面，不仅是气候、环境、资源，也不仅是习俗、传统、文化，而是空间与时间的特殊性。而建筑作为城市"地域性"特征的表现之一，"地域性建筑"也同样具有其特殊性，体现当地的建筑历史演变过程，蕴含了当地的建造工艺、建筑材料，甚至体现了当地居民的信仰。这种种方面都体现着这个城市、这个时代的文化传承与艺术审美精神魅力。

城市作为人们生活与栖息的场所，城市中建筑无一不包含着该城市的地域特征与生活在城市中群众的文化特征。城市的文化体现在城市中每个人的日常生活里，而相关建筑、基础设施等是城市文化的外在表现形式，也是城市人性化、地域化的物化体现。建筑和城市的关系不止物与物的关系，更应体现出设计者的责任、追求，设计者为大众提供的不仅是使用的功能，还应为大众提供更具人性化的关怀，更具精神性的内在价值。

其中，地铁交通站点作为人潮汇集、高速变化且具有地标属性的一种城市交通建筑，沟通区域与环境、环境与空间，是人们生活出行的过渡空间，同时也是展现城市文化，体现城市人文关怀的重要建筑，体现着一个城市的方方面面，生活场景的形形色色，是城市地域文化中的重要载体，更要能代表城市形象，因此地铁交通站点必然具备且体现该城市的地域性。

在时代高速发展的今天，生活水平的提高，物质需求的满足已不再是大众的期待，精神与内在世界的充实成为人们的第一需求，文化在当下成为促进社会发展的推动力，而如何挖掘城市的本土文化，地域特色并运用到实践中去是城市进步的重要途径，因此城市地域文化的传承变得越来越重要。地铁站点也应该遵循地域的历史发展，展现出城市的文化精神面貌，所以地铁交通站点作为城市窗口，在设计的过程中应当考虑地域性。

（1）原因及基本特征

地铁交通站点的地域性具有很强的专属性，受自然环境、人文环境与社会环境的影响，三个因素相互联系、相互影响，决定了该地地域文化的传承与发展。

一个地区的建筑造型风格受当地地域性的影响与制约，在造型上不仅代表当地的文化，同时也反映当地的地理、气候和人文历史等。在山地城市，如重庆因地形、河流等条件的限制，其地铁并不是如同平原城市一般建在地下，而是架在空中，属于高架式，因此在重庆这个城市地铁名为"轻轨"。轨道交通的建造方式与其他城市不同，也造成了许多不一样的城市立体景观，例如"网红"的轻轨穿楼等，具有强烈的地域色彩；而平原城市，如武汉由于地形平坦开阔，无相关自然因素的限制则主要以人文历史展现为主，"汉正街"站则以集中体现武汉市巷文化的历史现状为设计理念，设计过程中以历史发展为脉络，引进多个老物件和传统结构，以到达身临其境的"汉正印象"，体会武汉文化的效果。

基本特征：站点在不同的地域适应着不同的自然条件，是时代发展过程中顺应地理条件的产物，同时也体现出对自然环境的适应和对当地文化及经济的融合。基本特征可以总结为以下四点：

①着重反映当地的地形地貌、气候等自然环境因素。此类站点多在建筑外观上打造与当地自然因素融合的建筑体，并在内部设置相关自然风光的公共艺术作品。

②使用本土化的建筑材料和当地区域性的手工艺技术。此类站点具有明显的民族性，吸收了本土、民族与民俗的特征。在建筑外观上多使用当地本土材料，形式上采用传统建筑造型，根据不同地域，部分以手工艺为主的地区会在大厅内展示相关手工艺作品。

③蕴含着当地的建筑形式和内在文化成就。此类站点以人文特征为主，设计过程中以该地的历史脉络为主，当地的历史文化与站点空间相融合，行人在历史间穿梭，以唤起人们的回忆，在满足基础功能的同时输出当地文化。

④体现了区域的差异性和经济性。此类站点的现代性和科技感较为明显，由于经济与技术的快速发展，在部分地区新锐艺术家们采用新材料、新技术，在地铁中引用声、光、电灯综合表现的装置以丰富空间和刺激行人感官。

（2）地铁交通站点地域性影响因素

①地理环境：大多数的建筑都是在限定性的场地里做出选择，同住宅建筑一样，地铁站点在设计建造的过程中应考虑其轨道线路与人行、车行线路的交接，与建筑、山地、河流的避让等等因素。所以，地理区位环境对站点的外在造型、内部结构，都有着极大的影响力，换而言之，建筑在适应地理气候，就如同人需要适应一样。地域性的特征在地铁站点上的体现，就是两互相适应、相互影响的结果。

②文化因素：不同城市的文化有所不同，同一城市的不同区域也有所区别。传统建筑在建成的过程中可能经历选材、用人、算卦占卜、设宴等事项，这些事项处处都体现着一个族群的生活习惯、历史文化。而地铁站点在不同城市受不同地域的影响，必然体现着该地域的文化习俗等，同时在设计站

点的过程中也应考虑地域文化元素的运用，体现城市的人文色彩与历史积淀。

长远来看，地铁站点在地域所经历的时间线中，也仅仅是这个片段内社会文化的缩影，体现时代变迁过程中的起落，地域文明的兴衰，而透过这些建筑背后，地域性建筑文化与本土文化相互交融、互为体现。

③历史条件：历史背景的不同影响着该地域的政治、经济、文化的不同，社会的氛围、生活、审美都会随着时代的迭起而受到影响，例如海派建筑便是在特殊时期在不同文化的交流与碰撞之中产生的，这些受多个地域影响的建筑都体现了该地域某段时期的历史痕迹与人文色彩。地铁交通站点同样在建筑形式上深受历史痕迹的影响。

在时代推进的过程中，越来越多不同的文化与精神迸发，在时间的谱系里留下篇章，有些被人遗忘，有些依然残存，在更新迭代如此迅速的时代里我们更应思考如何保留优秀的历史文脉、民族精神和地域性等宝贵的甘霖。

（3）地铁交通站点地域性设计

站点的功能与地域性：地铁交通站点作为都市人群流动的转换场所，人流量大且高速变化，在设计的过程中既要考虑人行、车行的动线，又要考虑各功能空间如何合理地沟通串联。因此，站点的设计首先应满足主要功能，考虑到站点的主要交通枢纽功能，在确保空间正常使用的条件下进行具体的区域方案设计。同时，在考虑地域性设计方案时要有所取舍，各有侧重，着眼于不同功能空间、地理环境，不同位置，合理设计造型并规范尺度。

地域文化元素站点中的作用：不同国家和地区的站点都有着独特的地域文化元素，这些文化元素通过对本土文化的提取、精简、抽象，在站点的各个空间上运用体现。突出视觉效果，通过地铁交通站点这一城市重要窗口，展现城市文化和地域色彩，加强人们的记忆，传播城市的文化。同时，通过设计将地域文化元素运用到站点空间，使功能属性单一的站点充满活力，更具文化内涵，更富艺术性。

4.1.2 艺术性

"艺术性"从广义来讲是指人们对具有艺术价值的人文生活及精神世界的主观评价；从狭义来讲艺术性一词通常被用作文化领域，是衡量艺术品内在的美学价值的重要标准。不同门类的艺术其艺术性的表现方式和评判标准也会有所区别。

本书所谈"艺术性"是当代城市地铁交通站点设计新的追求目标。现代人对于空间的追求、使用除了满足基础功能、快捷舒适这些基本要求之外，更多地开始追求其艺术性与精神文化内涵，艺术化的生活方式成为设计的发展趋势。

由于社会美育、审美素养等因素的提升，人们对于城市发展和公共交通的要求除基本使用功能外，也逐渐重视地铁交通站点空间本身所具有的艺术性。艺术性在公共空间中的融合以及公共空间中人与艺术的互动，成为艺术化生活新的展望。城市地铁交通站点作为人流量往来巨大的公共场所，在城市艺术化发展中显得尤为重要。

对轨道交通站点的空间设计需要满足多个层面的需求。首先从站点功能来看，设计需要通过对空间进行合理的组织排布以满足不同市民的出行需要；其次从城市形象的角度来看，站点空间本身应具备一定的艺术特色、地域特色和文化内涵，通过空间艺术向人们传递文化精神。只有同时具备功能合理性和视觉艺术特色的站点空间设计才能更好地提升城市的整体形象、体现城市文化内涵、提升市民人文素养，帮助带动经济文化更好地向前发展。

（1）地铁交通站点中艺术性的主要意义

1880～1910年的三十年间"新艺术运动"席卷欧洲，并衍生出一系列的艺术创作风格。"新艺术"风格不仅风靡于绘画及雕塑这类传统艺术形式，还囊括了建筑、家具、服装、海报、书籍插画、平面设计、戏剧、文学。

法国建筑师赫克托·吉马德将新艺术风格运用于地铁的设计中，创造性的铸铁与毛玻璃材料以及标识性的植物曲线形态与东方元素成为"新艺术"风格的代表语汇（图4-1）。"新艺术运动"拒绝传统，开创全新的装饰风格与同样处于进步与发展阶段，代表着现代的地铁交通站点巧妙融合，在现代设计史和建筑史中留下了浓墨重彩的一笔。其代表作品——巴黎地铁入口完美体现了艺术性与站点的关系，留存至今，成为时代的见证、城市人文风貌的代表，是充满巴黎浪漫气息的城市名片。

具备艺术性的站点跳脱出交通工具的局限，具备了"建筑""艺术品""纪念物"和"见证者"

图4-1 赫克托·吉马德设计的巴黎地铁入口（来源：网络）

等多重身份，具有深刻的风格表现以及审美内涵。地铁站点不仅起到交通承载的功能，其站点本身也成一件艺术品。因此地铁交通站点的基本属性有所升华，主要取决于在设计中，设计者是否有意识地将站点艺术化，将简单的交通工具与当下的时代、审美风潮、人们的需求相结合，演变为展现城市历史文化、艺术形式、地域感知和城市情感的都市风貌延续。

（2）地铁交通站点中艺术性的体现方式

①空间的艺术表现：地铁交通站点的空间由室内和室外两部分组成。室内部分是地铁交通站点中最主要的公共空间，也是体现空间中艺术表达的主要部分，包含站厅、站台、通道等空间。在地铁室内空间中可以通过艺术设计强化城市文化特色、展现艺术风格、打造空间体量的尺度变化、营造虚实对比的空间节奏等。主要体现在对室内墙面、顶棚、地面的设计。室外空间主要为地铁出入口，在不同时代背景和地域特色的影响下，出入口的设计体现了极高的艺术性。出入口是站点艺术性和城市文化的最直接呈现点，同时它作为空间性质转换的过渡区域，在兼顾艺术性设计的同时更多地要解决人的心理、视觉落差，保持从地上到地下的连贯性，同时消除地下空间给人带来的压迫感和不适感。

②色彩的艺术表现：色彩是营造空间氛围、渲染空间情感的重要手段，是激发审美愉悦最为直接、敏感的艺术表现形式。同时由于当地的地域性差异，站点中艺术品的色彩也会呈现不一样的效果。例如，北京地铁交通站点以端庄典雅、富贵华丽的色彩为主；杭州地铁交通站点则以水墨烟云、清丽淡雅的江南色泽为主。站点空间的色彩由基础色和功能色构成，基础色用于统一和谐的空间，整体效果通常用于墙面、顶棚、地板等大面积空间，是地铁交通站点的主导色彩。功能色则服务于不同功能、具备明显识别性的标识、灯、柱、广告等（图4-2）。

图4-2 2019年第四届中建杯西部"5+2"环境艺术设计双年展金奖-地铁项目设计1（来源：项目组成员绘制）

色彩作为空间的艺术表现中最为直接的一个环节，往往与所要传达的空间环境、当地的文化背景等因素相结合。例如，德国给人的印象是冷静、严谨和工业，因此慕尼黑Marienplatz地铁站运用黑、灰、橙的配色，在符合城市印象的同时又借由橙色增添现代的活力（图4-3）。同时，为缓解地下空间带来的压迫感，在室内空间设置大量绿化，将植被景观、色彩元素置于室内，重视传统的典雅端庄空间则往往使用棕色、灰色等传统色彩，在延续民族特色的同时加入人性化设计。

③灯光的艺术表现：灯光与色彩相辅相成，加深空间氛围与情感的体现，站点空间的色彩设计为灯光奠定了良好基础。在此基础上，灯光艺术化的处理表现在灯具的造型以及装饰照明方面。托莱多站位于意大利那不勒斯，设计灵感来自于光和水，运用白色、蓝色、紫色制造出一种流动的效果，再结合现代性的同时，使人宛如置身童话世界（图4-4）。同时要注意灯光与建筑形态、公共设施、环境导向识别、照明系统等元素的有机结合。

图4-3 德国慕尼黑Marienplatz地铁站（来源：网络）

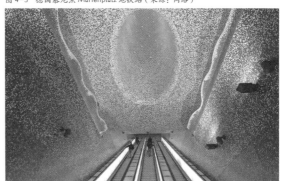

图4-4 意大利托莱多站（来源：网络）

④文化的艺术表现：地铁交通不仅是构建城市交通网络的一个重要环节，也是传播地域文化，促进社会经济文化发展的重要载体。在地铁空间的设计过程中，可根据车站周边的历史、文化等人文环境，将地域性的文化特色引入地铁入口及地下空间。在具体的表现方式上，可通过装饰元素、空间陈设以及装饰材料增加空间的艺术性表达，综合性地体现空间想要传达的历史文化和场所氛围。同时，艺术性的体现利于成就高识别度的环境，使人们形成清晰的感知和记忆。

4.1.3 差异性

（1）地铁交通站点建筑形态特性

在大力推进城市地铁交通的同时，大规模的工业化生产和现代主义建筑的普适性和标准化大受重视与推崇。这种现象也折射到地铁站点建筑上。站点建设难度大、技术含量高、资金投入高，导致地铁站点交通运输功能重于审美需要。由于站点特有的交通功能属性，使之外形结构与其他公共建筑不同，空间特征多为封闭式。常见的站点类型有高架式、地面式和地下式，而站点的站厅、站台由于其功能的单一尺度规范有所限制等，使得站点布局形态大多统一，且整体空间形体、功能较为单一，因此造型设计上较之于其他公共建筑发挥空间较少。

这些形态特性给设计带来阻力，造成现有的站点缺乏识别性，除交通功能外没有其他意义，而当下人们的需求已不同往日，因此在站点设计上应当克服形态的阻碍，形成站点差异化。影响站点差异性的因素有以下几点：

①外部周边环境：地铁出入口数量的增多，给城市的整体布局带来不利影响。因此，设计地铁站点的首要制约条件就是出入口周边环境。

在设计过程中应充分考虑该地人口数量，调查研究当地民众对地铁的使用效率，合理设置开发面积，不影响当地大众交通出行的前提下对地铁出入口数量进行控制。

根据周边环境区域属性的不同对地铁站点有不同的要求。例如，商业中心、居民区、办公区、名胜古迹、大学城、客运站机场等不同区域对地铁站的功能需求可能会各有侧重。外部因素对站点的空间大小、出入口数量、外部造型、导视系统、商业空间等方面都造成一定差异。

②服务人群：应充分考虑不同人群的出行原因。例如，办公楼周围的站点与景区周围的站点服务对象基本不同，前者乘客大部分是工作人员，而后者大部分为游客，在站点的造型设计及内部功能上自然有所差异。不同站点由于服务对象的不同，配套的服务设施也所针对性，如休息空间、商业空间的空间大小、空间数量会随着人群的数量和出行目的有所变动。

同时在设计的过程中要考虑特殊人群的出行压力。人性化设计不仅体现当地的人文环境，还代表城市的外在形象。地铁出入口的人性化设计不仅可以给民众带来便利式服务，提升民众交通出行速度，而且有利于提升城市化的发展进程。

（2）地铁交通站点建筑形态差异性的设计方法

地铁交通站点的设计不仅受城市建设规划影响，还受城市人文环境的限制。现今地铁站点已经逐渐摆脱单一的交通属性，开始兼顾商业、服务等其他功能，且随着时代的发展，在设计时，设计者需要更全面地考虑因素条件，注重本土文化、地域特色，强调人文内涵、精神表现，体现人性化、个性化。站点的设计开始注重文化符号的体现，例如四川成都地铁宽窄巷子站点出入口融合川西民居的特点，使用川西民居屋顶的青瓦和坡屋顶，使入口与周围环境相统一，室内装饰上使用浮雕等方式记述区域的历史故事与传统记忆，与同线其他站点有所差异。并且成都轨道联合中国邮政在2020年发行了一系列周年纪念邮票庆祝开通运营10周年，以及众多带有熊猫IP形象的文创周边产品，成功地将城市文化符号通过地铁这一窗口深深烙印在人们心里。站点间的差异受周边环境的影响与辐射，随之导致其附属的功能设施有所不同，因此在设计站点的过程中要考虑环境场地因素的区别。

如今地铁交通的迅速发展，使站点与建筑、街区交融间，出现了新的空间类型，本质上是人的流动、集散与空间发生新的关联。因此，在设计的过程中不仅要满足站点的基础标准，还要发挥创新性，以多重的眼光去看待和利用条件，使站点具有不一样的个性色彩。在设计的过程中通常从以下三个方面入手：

①标准站：首先要符合地域性因素，从城市整体形象气质着手考虑，以线路或区域为基本单位设计符合城市形象、具有城市标识性的标准站点。针对站点布置区域的功能需求和经济角度考虑选取标准站位置（如人流承载量较小、地理位置较远的站点），进行标配化处理。标准站的优点有：周期短、成本低、维护方便等，但从城市关系来看，标准站难以融入周围区域环境。

②特色站：结合站点周边环境、地形地貌、历史人文等多方面营造站点的可识别性与特殊性，形成真正具有区域针对性及空间风貌的站点。不仅在装饰设计上采取个性化、非标准化的设计手法，在功能上同样根据周边环境和服务人群进行规划设计。

③枢纽站：枢纽站由于巨大的人流承载量具有特殊性，从辩证的角度看，枢纽站不可一味地追求特色，在具备特色的基础上要对人行及车行动线着重进行梳理。由于需要考虑客流量、周边道路交通的基础，在对出入口的布置上既要考虑通达性，又要考虑空间尺度感，还需要注重安全性，充分利用空间条件，以适应乘客的需求，实现各类交通工具无障碍换乘。

4.2 站点环境设计工作流程

站点环境设计工作流程是保障设计工作自始至终顺利完成的关键，需要根据项目已经形成的基础条件，结合设计团队自身的专业技术资源，并在自身条件不足时可借助外援技术合作，共同完成设计工作。按照甲乙双方既定的工作程序和关键节点，进行合理的设置。一个好的流程设置可以保证设计工作有条不紊地推进，反之则造成不同专业设计相互间配合不当，任务责任不清，工作处于混乱的状态，造成大量人力物力和时间的无谓消耗。因此，有序地安排工作流程是设计企业常态工作有效体现，也是根据不同阶段设计任务的审核要点（图4-5）。

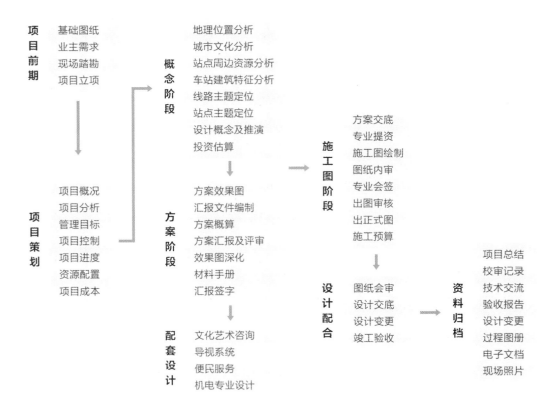

图4-5 站点环境设计流程图

站点环境空间设计方案与站点在线网中的功能定位、站点所处位置、站址周边环境、站点场地地质条件、站点所属区域的交通组织及站点施工的社会影响等因素息息相关。因此，我们在规划站点空间方案时要注意以下几点：

1. 根据线路埋深条件，合理设置车站轨面埋深及车站层数，控制车站规模，体现绿色、节能地铁设计理念，避免人力财力的浪费。
2. 明确站点的功能定位，不同功能的交通站点其空间分布也不同。综合枢纽型站点，除满足其复杂的核心交通换乘功能外，还需与其他功能单元复合形成复杂的立体空间环境系统，因此除考虑交通流线人群分流外，还需注意不同功能空间之间的耦合与分离；大型接驳站应当结合铁路客流的特点，合理布置站厅层付费区与非付费区空间，避免形成客流瓶颈；一般换乘型车站仅以核心交通功能为主，因此多以简洁的平面空间为主。
3. 根据客流的特点，站点进出站及无障碍服务水平应适当提高，体现人文地铁设计理念。
4. 结合周边规划道路情况，合理设置地铁出入口，有效吸引周边客流，并兼顾过街功能。
5. 结合地面广场的布置，合理设置地铁驶出地面的附属建筑，使其与地面广场能够紧密结合，打造布局紧凑型立体城市。

4.2.1 项目前期

开展项目设计前，首先根据项目规模组织设计团队，确定主设计师和相关专业配合设计人员，明确设计周期，制定设计进度计划。

1. 基础图纸：读图，了解站点基本情况。
2. 业主需求：明确业主的实际需求。
3. 现场勘测：收集熟悉项目基础资料，了解项目现场实际情况（地面与地下），项目情况跟踪。
4. 项目立项：发生成本前填写项目立项表，交相关部门存档。

4.2.2 项目策划

1. 项目概况：项目的基本内容，包括项目的建设内容、建设规模、投资总额、地理位置、交通条件、气候环境等。
2. 项目分析：项目的可行性研究。
3. 管理目标：项目的具体化指标，如设计的质量目标、成本目标、环境设计风格研究。
4. 项目控制：项目设计的动态管理控制，设计的质量控制、成本控制、效果把控。
5. 项目进度：项目的进度计划，主要侧重于项目工期目标。
6. 资源配置：项目的资源配置情况，包括人员、物资等。
7. 项目成本：设计的成本目标，可能取得的收益。

4.2.3 概念阶段

1. 地理位置分析：根据线路站点，分析线路周边环境及属性。
2. 城市文化分析：分析城市的历史、文化及城市规划。
3. 站点周边资源分析：针对站点的周边环境，展开交通、街区、业态地理、人文历史背景等方面的分析。
4. 车站建筑特征分析：根据空间层高、建筑结构，尽可能优化管线，发挥建筑本身优势。

作为二次建设，应针对站点建筑本底条件进行系统化的功能性、安全性、视觉性的分析，使设计具有整体性成效。

5. 线路主题定位：根据以上要点进行总结归纳，梳理出设计主线。
6. 设计概念及推演：定好主题后确定概念要素，展开风格推演，形成具体空间设计方案。
7. 投资估算：编制投资估算。

4.2.4 方案阶段

1. 方案设计图：要求整体性地反映设计内容，包括：站厅层、站台层、地面出入口、地下交通组织、电梯、楼梯、通道、卫生间、车站附属等空间的总平面图、剖面图、立面图和重要区域的效果图，作为方案设计的主要成果体现。
2. 汇报文件编制：结合招标文件和设计要求，编制汇报文件。
3. 方案概算：在方案设计的基础上深化至初步设计阶段，并根据初步设计图纸、概算定额、费用定额、设备和材料预算价格等资料编制概算材料。
4. 方案汇报及评审：现场汇报方案或特殊情况可通过网络实时汇报，并记录评审意见由业主方和设计方共同签字认可，作为修改调整依据。
5. 设计深化：根据甲方评审组意见、调整方案的同时调整概算，并修改完善设计图，甲方签字认可为有效成果。
6. 材料手册：根据认可的设计方案安排出物料表，以备后续施工图设计和制定项目预算。
7. 汇报签认：所有提交的成果都应在甲乙双方签字认可的前提下视作有效。

4.2.5 配套设计

1. 文化艺术咨询：一般体现为艺术墙、艺术品或艺术照明。
2. 导向系统：导视标识形式、色彩与空间功能的系统设计、站点地面与地下信息的视觉传达、报站信息传达、无障碍传达设计等。
3. 便民服务：银行、商铺、药店、快餐厅等。
4. 机电专业设计：土建、风水电、通信、信号、AFS、FAS/BAS、人防、屏蔽门、电扶梯专业配合。

4.2.6 施工图阶段

1. 方案交底：方案设计人员对设计理念、设计意图进行全方位阐述。
2. 专业提资：由土建、风水电、通信、信号、AFS、FAS/BAS、人防、屏蔽门、电扶梯专业进行提资。
3. 施工图绘制：根据初设方案，结合设备专业提资进行施工图绘制。
4. 图纸内审：专业审图人员对施工图进行内部审核，设计人员根据内部审核意见调整。
5. 专业会签：施工图提交总体及风水电等各专业审核，设计人员根据会签意见调整。
6. 出图审核：施工图提交设计咨询、强审进行审核，设计人员根据咨询及强审意见调整。
7. 出正式图：图纸按要求打印蓝图、签字盖章并提交甲方签认。
8. 施工预算：根据施工图、预算定额、各项取费标准、建设地区的自然及技术经济条件等资料，编制预算造价文件。

4.2.7 图纸会审

1. 图纸会审：建设单位、监理单位、施工单位等相关单位在收到施工图审查机构审查合格的施工图设计文件后，在设计交底前对施工图纸进行全面细致的熟悉和审查。
2. 设计交底：由建设单位组织设计、监理、施工，对施工图纸内容进行交底。
3. 设计变更：对已批准的初步设计文件、技术设计文件或施工图设计文件所进行的修改、完善、优化等，以图纸或设计变更通知单的形式发出。
4. 竣工验收：项目竣工后，由投资主管部门会同建设、设计、施工、设备供应单位及工程质量监督等部门，对项目是否符合规划设计要求以及建筑施工和设备安装质量进行全面检验后，取得竣工合格资料。

4.2.8 资料归档

资料归档包括但不仅限于以下内容：项目总结资料、校审记录文件、技术交底文件、验收报告、设计变更文件、过程图册、电子文档、现场照片等。

4.3 站点环境空间设计

4.3.1 空间布局

地铁交通站点以交通通行功能为主，换乘功能是其核心功能。近年来随着地铁站点的发展，新的需求涌现，因此站点的功能日趋复杂化和综合化，从单一的地铁交通换乘功能变成交通换乘、购物娱乐、休闲集散于一体的综合性空间节点。站点与周边商业设施的集成整合越来越明显，同时也导致站点空间与周边商业空间的界限逐渐模糊，众多功能的参与导致站点内部空间的复杂化和复合化。

围绕核心功能角度考虑，地铁交通站点内部主要可分为换乘空间、附属空间和其他商业空间。换乘空间一是城市主客流和交通人流的转换，二是不同线路上乘客的客流转换，由站厅、站台、入口、展厅、垂直交通设施、售票窗构成；附属空间在地铁交通站点中起着至关重要的作用，决定着换乘安全和空间环境质量，附属空间包括销售管理、技术需要用地和其他工作辅助的部分；商业空间是现代化发展过程中，除核心运输交通功能外满足人的需求，带动城市经济建设发展的重要途径，经常与大型购物商城或其他相关设施相衔接，共同构成刺激消费，带动经济的空间。

（1）站点空间整体布局模式

平面布局和立体布局是地铁交通站点空间的两种主要空间组织方式。

①平面式：平面式空间组织方式多通过仅一层或半层的地下空间来解决布局问题，常使用在所需规模较小、仅需要满足核心交通功能的小型交通枢纽中。

②立体式：立体式交通枢纽地下空间相较于平面式，功能交通更为复杂多样，且纵向延伸呈现立体化发展的特点。为达到人流合理分配与交通换乘便捷的效果，此类站点会在地下空间设置多层交通分区。

（2）站点空间平面功能布局方式

①线性通道式：站点以交通流线为主，依托线性通道布置。这类站点空间的平面功能布局分为串联式、走道式和穿套式，以地下道路步行系统为主，周边附带一定的商业系统。这类布局方式，功能直接明了，路线清晰准确，能很好地满足人流疏散、通行和安全要求。但由于以线性道路空间为主，又分布于地下，很容易在空间上造成单调、压抑的缺点，过长的通道与较为封闭的空间会加剧行人的不适。因此，在设计站点平面空间时，应注意空间的节奏感与主次区分，注重不同分区之间的变化，同时灯光与周边装置等应与空间相互配合，营造人性化氛围。

②集中大厅式：这类布局方式呈放射形，以大厅为中心，向周边辐射其他空间，具有较强的导向

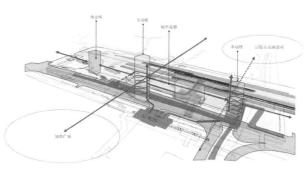

图 4-6 综合枢纽型:重庆沙坪坝高铁站(来源:建筑技艺,2019(07):57-63.)

性。相较于线性通道式,此类布局方式更具灵活性,适用于多种规模的站点。中心大厅常与换乘空间、商业街道以及下沉广场相结合,增加其功能的多样性。

③综合式:将上述两种布局方式加以结合,从而形成新的更具泛用性的综合平面布局方式。此类布局方式多出现在较大规模的地下站点空间,能够系统地串联地下空间,提升利用率。同时,由于地下空间功能的复杂性,除交通换乘所需的轨道交通车站外,还包含多种地下公共设施和服务设施以及地下停车场等综合性空间。

在进行地铁站点功能布局时,以人性化设计为首要出发点,重视其核心交通换乘功能,合理衔接与其他交通工具的转化,以满足行人的通行安全、便捷和快速;其次要利于人流集散,通过对不同路线的规划引导,实现人群分流与聚集;最后功能区之间布局紧凑,利用立体布局,缩短距离,节省乘客时间;在满足基础交通功能后,丰富站点的其他功能布局和特色性规划。

(3)根据交通功能划分的布局方式

地铁交通站点的核心功能是其内部换乘交通核体。根据交通功能的差异,可将站点类型划分为综合枢纽型、大型接驳型和一般换乘型三种类型。

①综合枢纽型:新型站点布局方式,将传统建筑空间类型与现代功能类型复合,形成多功能融合的立体环境系统,从而构建多元化交通枢纽,实现市区内外大型交通枢纽,市区级或市级线路转化。综合枢纽型站点各层主要由站台、地下停车场、地面接驳换乘和地上商业空间构成,从而使整个站点形成一体化建筑。为实现综合交通枢纽复合化功能性和多种交通流线,站点整体布局呈立体化、多层次发展,通过分层分流的形式引导不同线路下的交通人群分流(图4-6)。

在换乘空间采用厅式或通道式布局，以出入口的集散中心为主，设置引导路线分散人流前往换乘站台；在商业过渡空间多采用通道式或开放式布局，开放式过渡空间在地铁站出入口处设立下沉广场，集散缓冲人流的同时，衔接周边空间，采用层叠式空间布局与商业空间衔接。此类站点设置在大型商业建筑地下空间，通过地下线性通道与外部空间衔接，地铁的站厅层通道与轨道交通综合体的垂直交通枢纽联通，具有较强的引导性，且路线简短直接，不仅提高了换乘交通的利用效率，还通过引导行人进入商业空间，从而刺激购买，提升经济效益。

②大型接驳型：大型接驳站多位于城市中心，是重要的交通转换点，周边城市道路网络关系复杂且乘客流量较大，能够较大程度吸引中心城区的交通流量，因而大型接驳型站点多与商业建筑衔接，通过多种业态引入更多客流，形成商业与交通的良性互动。其主要功能为交通换乘，商业空间及其他附属空间则是其辅助功能。

整体布局上与综合枢纽型站点相似，多采用立体式布局，站台上多采用岛式站台；在换乘空间采用通道式布局，换乘站台位于进站口的下一层；在与商业空间的衔接上多采用并联式或包含式布局。并联式布局将周围不同归属的建筑与站点衔接，在各个单元独立的基础上构成互动关系，包含式则是站点与商业综合体建筑结合，出地铁付费区后即进入商场内部。通过这种布局方式将客流转化为商机，丰富地铁站点的功能性。

③一般换乘型：规模较小的换乘型站点，多与常规公交枢纽衔接。此类站点呈点状分布在市中心城区内，由于周边发展较为成熟，地区用地功能多样，人流混杂，商业、办公、居住等混合并存，周遭开发强度较低，相较于其他两种站点客流量较低，但分布数量较多。由于规模不大，核心功能仅以交通换乘为主，因此整体布局呈现平面式，以侧式站台为主。

4.3.2 交通组织

（1）车站流线组织

乘客在地铁交通站点内主要的使用过程，包含进出站、购票两项最主要活动，涉及车站内出入口、公共区、出口闸机、站厅与站台等各部分。

我们通过对地铁车站中乘客的行为进行分析，不难看出，乘客在从站外到站内购票乘车到出站，整个过程主要是通行行为，部分为滞留行为。地铁车站在这个过程中充当了运输节点的作用，人们通过地铁车站进入地铁网络，实现站点间的移动。因此，如何高效地让人们进站、出站，是地铁车站流线组织设计的关键。在地铁车站空间中，往往会在一些功能节点区域出现拥堵的情况。例如，自助售票区域、安检区域、闸机区域、竖向交通区域、上下列车区域。

地铁车站拥挤的现象也受到了越来越广泛的关注。目前，我国的地铁车站，对于功能节点区域的设备采用了功能提升、增加数量等方式来缓解因人流量增加而造成的拥堵。例如随着手机程序和人脸识别系统的快速发展，目前国内许多地铁车站实现了在通过闸机时，采用手机支付和人脸识别支付。这样，明显减小了自助检票区域排队等候的压力，同时也大大提高了闸机区域的人流通行效率。而在垂直交通区域，例如楼梯、自动扶梯和垂直电梯区域，是最容易出现拥堵等候的区域。人们在下车后，会出现时段性人流大量涌入的现象，造成上行楼扶梯变得拥挤不堪，这与高效的通行原则不符。因此，在设计垂直交通时，会采用增加楼梯宽度、扶梯数量等方式来提高人流通过率。

另外，地铁车站作为交通节点，其人流也具有一定的独特性，一般进站客流较为均匀，出站客流会出现规律性集中。在组织人流时，应以保持客流顺畅，避免客流交叉，能满足平时客流的通行和紧急情况下的疏散。除了需要把乘客经常使用的功能节点区域合理规划并按照一定的流程顺序合理布局，既满足功能需要，也满足乘客的使用习惯外，还需要避免进站流线的交叉，最终做到使整条流线短洁方便。在布置公共区的平面时，应尽量提高空间利用率，做到整体流线紧凑合理，能够以最快捷的方式引导和组织乘客进、出站，并在紧急情况下，能够快速将乘客安全快速地疏散、逃离事故现场。

因此，在做地铁车站人流组织设计时，应考虑：

①乘客与站内工作人员路线分流；
②进、出站客流流线尽量避免相互交叉；
③换乘客流与进、出站客流流线分开；
④自助售票区、乘客服务中心、自助售货机等均不应妨碍人流通行；
⑤当地铁车站与其他建筑物合建时，地铁客流不应受其他人流的影响。

进出站客流流线如表 4-1 所示：

地铁进出站客流流线

进站客流流线	地面出入口 → 自动售票机 → 安检 → 进站检票机 → 站厅层付费区 → 楼扶梯 → 站台 → 上车
出站客流流线	下车 → 站台 → 楼扶梯 → 站厅层付费区 → 出站检票机 → 出入口通道 → 地面

地铁车站公共区的人流组织，是对公共区各功能区域的有序串联。站厅人流组织相对较复杂，不仅要考虑进站流线和出站流线，还会涉及许多功能设备。因此，在做站厅的人流组织设计时，理解各功能设备间的先后顺序及使用状态，才能做到人流井然有序、不冲突。站台人流组织则相对简单，它更注重人流的等候和疏散。通过合理布置疏散楼梯的数量及宽度，达到快速、高效分散人流的目的。（图4-7）

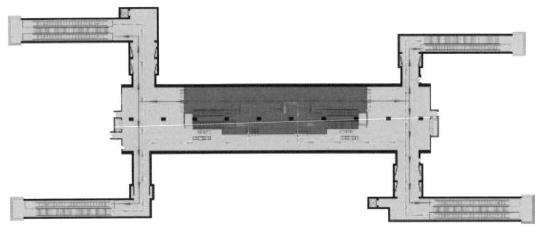

图4-7 地铁站点人流组织

（2）换乘车站人流组织

换乘车站是城市轨道交通系统的专用词，是指在地铁线网中，乘客可以通过不出站，便可从一条线路换乘至其他线路的车站。

车站的换乘形式，根据换乘节点的位置设置，基本分为站厅换乘方式、站台换乘方式、通道换乘方式、组合式换乘方式几种类型。

①站厅换乘方式

两条线或多条线交叉共用的站厅，叫作换乘大厅。对于采用站厅换乘方式实现换乘的车站，乘客下车后，可通过楼扶梯至站厅层，经过换乘大厅后，在利用楼扶梯至另一条线的站台层，整个过程中乘客可通过导向标识的引导选择出站或换乘其他线路。这种换乘方式将相对于站台换乘，将换乘客流分流到站厅，避免了站台的拥堵，可有效控制站台规模。按不同平面位置的交叉形式分为"+"形、"T"形、"L"形三种。平面换乘形式的选择一般根据地面状况确定。例如，当换乘车站位于"+"形路口，且路口有条件明挖、交通情况不受限制的情况下，可选择"+"形换乘方式；当换乘车站位于"T"形路口，且路口有条件明挖或者"+"形路口中，其中的一条线所位于的路面交通情况很难协调，出入口、风亭设置很困难的情况以及其他不能形成"+"形换乘的情况下，可选择"T"形换乘方式；当换乘量比较小，站位受环境限制较多的情况下，可选择"L"形换乘方式。

②站台换乘方式

按不同平面位置关系可分为垂直换乘、平行换乘两种方式。垂直换乘：是指两条线路在平面关系上相互交叉，竖直关系上相互错开，乘客可通过连接两站台的楼扶梯实现换乘活动的方式。两站台间的竖向高度一般为6～7m。在组织客流时，应做好换乘客流与进出站客流分流，避免其相互干扰。须组织好上、下竖向的客流，避免进出站客流与换乘客流的交叉干扰。该换乘方式按不同平面位置的交叉形式也可像站厅换乘一样分为"+"形、"T"形、"L"形三种。而根据不同的站台形式站台换乘又可分为：岛－岛、岛－侧、侧－侧三种换乘方式。换乘方式的选择可根据客流量来确定。例如当车站换乘客流量比较小时，可选择岛－岛换乘方式；当车站换乘客流量比较大时，可选择岛－侧换乘方式；当车站换乘客流量大时，可选择侧－侧换乘方式。但是侧式站台车站如果设于地下三层，其两侧区间在地质条件不好的情况下须明挖施工，对道路交通影响较大，同时侧式站台车站乘客须在站厅选择乘车方便，容易给乘客带来混乱。平行换乘：可分为同层、同站台平行换乘与不同站台层上、下垂直换乘。前者适用于两条线路平行交织的情况，后者适用于两条线路上、下平行交织的情况。平行换乘方式对乘客最为便利，但是由于车站需要同步实施，对线网规划的要求比较高，需在前期工作中明确各条线路的走向，以构成车站平行换乘的条件。

③通道换乘方式

通道换乘方式是指地铁车站内，利用通道连接两条线路，从而达到换乘目的的方式。该方式由于采用通道连接，两条线路的车站结构可实现各自独立。因此便于后期施工，适用于两条线路分期实施的情况。当一条线站位不明确时，可通过预留通道接口的方式在未来后期线路明确后，再进行连接。由此可见，通道换乘方式的适应面更广、更灵活，对后续换乘线路的站位要求低，可更具后期规划调整。

④组合式换乘方式：

组合式换乘方式是根据车站实际情况，将多种换乘方式组合形成换乘客流组织更简洁、换乘速度更快、更便利，工程造价更低廉的换乘方式。

（3）换乘形式选择原则

①地铁车站换乘形式的选择原则是在结合周边环境和线网的情况下，方便乘客使用，减少换乘路径及高差。

②同站台换乘，"T"形、"十"字形、"L"形节点换乘，易造成站台局部人流集中，站台和换乘楼梯应保证足够的宽度。

③采用通道换乘形式比较灵活，但长度宜控制在 100 米以内。

④线网中与规划线路的换乘车站，一般可根据建设周期差异选择同步实施、预留换乘节点、预留换乘通道接口等不同条件。

4.3.3 导向设计

地铁交通站点是一种大尺度、国际性、流通性、复合型的城市公共空间系统。地铁是现代城市的产物，是高速高效的城市交通网络，也容纳了多元、国际的乘客构成。广州地铁的体育西站，可达单日 50 万客流量（交通部数据）。地铁交通站点空间内，近 16 个小时的运作时间，要有序完成大量乘客流通，使乘客有效准确地完成进出站、上下车及换乘等基本任务。同时，大型城市重要的地铁交通站点由于大量的乘客吞吐、更为复杂的乘车需求与城市其他空间的链接需求，整合了零售、餐饮、商业等复合业态，亦配备医疗、安全等突发事故的基本设施，乘客如何在地铁站内合理利用时间和空间，地铁应提供什么样的设计与服务，更成为地铁交通站点重要思考的问题。

导视系统在地铁交通站点设计中承担了极为重要的作用，可以比喻为地铁空间使用的界面，乘客根据自己的需求，选择适合的信号，实现复杂空间的使用。从路面地铁入口开始，通过不同层级和内容的导视、乘客与空间的交互关系，使乘客根据信号，指引行为，完成任务。地铁导视设计的本质是信息采集与视觉重构，前者包含地铁车次、站点、线路、方向等地铁使用的全部信息，后者是基于地铁站点的空间布局和乘客动线的信息组织，以文字、图形、色彩、造型、材料、媒介等形式语言以呈现，建构地铁交通站点空间与乘客之间的信息界面。

在地铁交通站点这种相对封闭且庞大的场所，尤其是地下建筑空间，人们失去环境参照物，只能通过标识牌、指示物等系列引导识别物构成对所处环境的认知，从而确定自己所处的位置、所选的路径是否到达目的地。越是准确有效地获取环境信息，就越可以高效地解决问题，设置明确有效的导视系统是高效信息的关键，因此地铁空间环境导视系统设计需要体现标准化、统一、清晰和内容充分。

（1）导视系统的构成

地铁导视系统包含的形式多样，类型庞杂，通过以下三个区域进行划分：

①出入区域导视：此部分是从路面到刷卡检票步骤的区域，属于乘车的前提行为，需引导乘客有效

进入计划路线的区域，包含路面入口标识，出入口路面信息，路线地图（地铁路线网络全图、具体路线站点图），车次表，点位标识（安检、购票、出入、刷卡等），方向引导，提示性信息等。此区域是乘客流量最大、目标最混乱、行动最复杂的部分，导视须将乘客有效分流。

②核心区域导视：此部分包含从刷卡检票到乘车的区域，属于乘车行为的核心区域，须引导乘客及时安全乘车，包含路线地图（地铁路线网络全图、具体路线站点图），车次表，站点标识，路线及方向标识，出入及换乘标识，方向引导，提示性信息等。此区域乘客已经分流，空间紧缩，时间和安全须求变得更为重要。

③辅助区域导视：此部分是完成出入站和乘车核心功能之外的其他区域。城市公共空间基本功能如卫生盥洗、失物寻人、安保、医疗、老弱病特殊需求，以及商业功能，这些是现代地铁核心功能的拓展需求，导视须实现引导乘客多元需求和行为的完成。

上述分类方式综合了地理和功能因素，是一种快速理解信息层级的视角。而地铁导视系统设计依赖严密的逻辑思维和细腻的用户体验。在地铁交通站点导视设计中，首先工作就是空间的功能分区，实现信息点位确认，其次则是动线设置，而每一个导视牌的安置，都是基于动线至上和乘客体验信息的精准呈现，正是从面到点，再聚成系统，建立起层级明确、协同一致的导视信息系统。

（2）导视系统的特征

秩序化：导视系统的秩序化设计包括两方面，一是该城市内所有交通站点的建筑外观与导视标识的秩序化，即城市地铁LOGO、地铁入口空间指示牌、地铁站牌的统一化设计，保证在该城市内地铁交通站点整体视觉形象的统一化与秩序化，避免乘客在寻路过程中浪费时间；二是城市地铁交通站点中导视系统的秩序化、一体化。

通过地铁导视系统的标准化规范，从而形成整个城市地铁交通系统的秩序化。导视系统需要按照规则要求进行方位显示、定位体现等重要的识路功能，保持地体交通站点内外的视觉统一和信息传达。在外观构造上，可与地铁站点建筑形象保持一致，根据规定的标准尺寸与型号，匹配不同功能的导视系统。现今城市路网日益发达完善，城市交通站点内的导视系统也须随之系统化、秩序化（图4-8）。

图 4-8 伦敦地铁导视各层级设计（来源：木子）

易识别性：地铁标识系统的易识别性设计原则归纳为六个方面：
①文字信息采用双语设计；
②数字信息采用阿拉伯数字设计；
③方向信息采用通用箭头设计；
④图形符号信息采用公共交通通用符号设计；
⑤紧急逃生信息采用通用性的标准图形；
⑥安全、消防信息采用通用性的标准图形。

易识别性中强调导向标识简洁明了，避免信息传达错误，使乘客在阅览中一目了然。导视系统应使用国际统一标准的图形符号，并按照相关规定，使用不同颜色、符文等表达相应的含义。同时要注意与广告牌的距离，避免乘客在识别关键信息时造成额外的信息干扰，从而延长阅读时间。（图 4-9）

地域性：地域性是实现该站点与其他站点区别性的重要特征。主要是在国际统一标准与原则内，结合该区域的特定人文风情、传统民俗、历史古迹、风景名胜与文化遗产等相结合，营造出该地区的"差异性"视觉表达。地域性不仅体现在站点的建筑外观，也囊括了站点由外至内的整个空间氛围营造与内部装饰，为行人提供出行便捷的同时，带来延续性观赏体验（图 4-10、图 4-11）。

图 4-9 导视系统的易识别性（来源：网络）

图 4-10 上海吴中路地铁交通站点（来源：网络）

图 4-11 2019年第四届中建杯西部"5+2"环境艺术设计双年展金奖－地铁项目设计 2（来源：项目组成员绘制）

人性化：作为重要的城市公共场域，地铁站点不仅要求空间布局的人性化，同时在导视系统设计中更要以人为本，注重对少数群体和弱势群体的关怀，重视使用者生理、心理、情感的需求。例如，在邻近入站口与购票区域的标识牌处，设立无障碍设施的指引信息，应配备完善的无障碍设施，可增加触摸与语音播报等导向方式与人工服务配合。

（3）导视系统中的标识标牌

地铁交通站点中的标识系统既具有指令性，又具有引导性。根据站点的使用功能可将空间导视系统大致分为四大标识类：

①识别标识：是导视系统中最为基础的部分，是乘客对整个地铁的概念认知。识别导视系统表示该地的定位、功能，是对该站点与其他站点的区别性的标识设计，例如，地铁入口系统的总体形象标识、LOGO等，多设立在站点重要的出入口，是地铁最为明显、最具识别性的形象标识。标识系统相当于企业形象（Corporate Image）系统中的视觉识别（Visual Identity）部分。

②说明标识：为了使环境中设立的指示信息不产生歧义，因此需要设置以准确解释信息为目的的标识设计。一般附着于图形类标识旁，多以长篇文字形式呈现，对图形起补充概述、进一步阐释的作用。

③空间标识：主要为了方便使用者明确自己目前所在的方位与想要前往的功能区域所在的方位，是对地铁整体概况和周边环境的全面性把控。此类标识主要表现在地图上，设置在各个出入口处以及交通站牌处，以便乘客了解自己所在的位置。

④导向标识：这些标识主要是通过指示信息通往特地场所，多设立在进出站与换乘站处，以引导乘客前往目的地，规避掉多余的路线。可通过视觉、触觉等方式表现，多通过地标、箭头等引导性的图文标识，以延续性的路线从入口处就开始引导乘客，直至到达目的地，这类标识要求形式简洁，信息传达迅速、准确（图4-12）。

图 4-12 地铁站中的导向标识（来源：网络）

地铁标识系统主要依靠地铁导向标识牌作为传达的媒介，标识牌在地铁站运营中体现出了非常重要的作用。标识标牌是融合适用、美学、建筑规划等为一体的产物，不是简单的文字，而是与环境相融的具有实际意义的艺术作品。就站内标识牌来讲，由于地铁站点空间的特殊功能以及其复杂的流线体系，在空间中建立功能清晰明确、流畅完整的车站标识系统是十分必要的（图4-13）。

地铁站导向标识系统主要分为静态和动态两种信息标识。静态导向标识包括：

①导向类标识：乘车导向，线路导向，行车方向导向，发车预告，行车方向，换乘导向，出口导向，售检票导向（售票、检票、补票、兑零、充值等导向标识），交通设施导向标识（楼、扶梯、电梯），服务设施导向（公厕、公用电话、付费储物箱、客服中心、警务室等）。

②定位类：向乘客提供能够确定所在位置以及目的地位置的标识。

③安全警告类：禁止及警告类标识。

④资讯类标识：提供更多关于地下空间以及地面信息，让乘客可以预先规划时间和路线。地下信息包括地铁运营时刻表、闸机使用信息等，地面信息类标识包括区域街区图、地面重要信息及地面公交信息等。

图 4-13 纽约地铁广泛使用 Helvetica 字体（来源：网络）

动态信息显示标识包括：
①出入口动态信息显示标识，显示本线和换乘线路实时运营状态信息。
②换乘通道口动态信息显示标识，显示本线实时运营信息、换乘车站的实时运营信息。
③验票口或验票闸机上的动态信息显示标识，显示验票机当前的工作状态。
④站台层动态信息显示标识，显示列车到达时间及列车运行方向等实时运营信息。
⑤列车车厢内动态信息显示标识，显示当次列车开行方向、沿途停靠站点预报信息、换乘信息等。
⑥公益及临时信息，显示地面重要信息和地面公交信息以及宣传类信息。

乘客乘车过程中与导视系统相关的行为方式可分为两种：
①熟悉环境的人群：他们会根据自己的思维程序行动，此外并不在意导视系统的信息变更。
②不熟悉环境的人群：他们通常会依靠地铁站内的导向标识，根据标识导向的指示而进行行动，带有某种不确定性；同时伴随一定的从众行为，在这种情况下，乘客往往跟随人流的涌动前进，并不是很关注导向标识系统本身所提供的信息。

导视系统的位置需要进行许多数据分析才能够确定，包括对乘客行为的分析以及进出站流程、人流疏导的特点等进行分析，且都应围绕着"一切为乘客服务"的中心功能。乘客从地面到乘坐地铁列车的完整流程为：地面出入口→地下通道→站厅非付费区→购票→检票→付费区→楼扶梯→站台→乘车，出站客流反之。

关于地铁站标识标牌设计建议：

①基于不影响导向作用的前提下，乘车信息导向标识中用类别的标识内容应该进行有机组合，达到少而优的效果，方便乘客使用。

②除了紧急疏散标识，其他类型的标识如乘车导向标识等，也可考虑采用多方位的地贴导向。

③导向指示牌的设计应该趋于标准化和系统化。通过统一尺寸和型号，来满足不同导向标识信息牌信息要求。同时指示信息牌的设计要考虑到安全性的问题，尽可能地减少潜在的威胁性，以免对乘客造成不必要的伤害。

（4）地铁空间导视系统的设计元素

①文字：文字和图形是导视系统中最为重要的基本元素。文字是信息的直观呈现，将大容量的地铁交通站点所需的信息传递给乘客。导视文字与语言密不可分，二者分别是信息传递的形式与内容。地铁导视中的文字亦和语音系统形成统一，采用国际通用双语标准，我国在少数民族地区如乌鲁木齐、呼和浩特等城市，还采用维吾尔语和蒙古语建构导视地铁导视文字系统。

导视字体需符合识别的功能与形式美感。1916 年伦敦地铁采用约翰斯顿铁路字体，以及 1989 年纽约地铁海维提卡字体，奠定了现代地铁以无衬线字体作为文字面貌的基础，无衬线字体的简约醒目亦塑造了地铁导视系统直观识别等原则与形式美。独树一帜的香港地铁则采用"港铁明体"（中文为明体，英文为无衬线体），呈现以香港特殊的城市气质。

②图形：导视设计中的文字和图形相辅相成，文字进行精准信息传递；图形进行通用、形象的信息传递。地铁导视具有国际、通用、公共等特征，故图形基础需以国际通用的公共图形符号系统为基础。ISO 制定了国际标准化的 57 个公共图形符号，欧美、日本、我国都有公共信息图形符号标准，其中我国采用 GB10001 标准部分来自于国际 ISO 文件的内容。导视系统的图形符号，通过图形与图形、文字的组合，形成丰富的导视视觉样式，如地图、图表、图解等，以客观、真实、易读、识别等要求，图文一体完成导视信息传递，引导乘客行动决策（图 4-14）。

图 4-14 公共信息图形符号标准（左为 ISO 国际标准，右为我国标准；来源：网络）

③色彩：色彩是地铁导视的重要维度。大型复杂的空间，合理使用色彩，将更为有效地引导人群分流、个体选择、改善体验与艺术塑造。1900 年伦敦地铁线路图即已开始以色彩进行路线区分，1933 年贝克改良的伦敦地铁图是现代地铁线路地图的先驱，意义重大，其中地理路线的抽象标达和色彩区分，是两个重要特征，具有易读好用的使用体验。多个国际化城市如米兰地铁采用色彩区分，不但表现在地图，在该路线入口到车内均实施色彩，形成更强烈的认知引导、沉浸体验和审美营造。此外，香港地铁则是不同站点不同色彩，站点系统形成丰富的色谱，呈现动感之都的鲜活动力（图4-15）。

文字、图形和色彩，建构了地铁导视系统的视觉基础，而导视系统是集平面和空间于一体的设计，材料、工艺与技术也同样重要。选择与地铁站点空间内装相契合的材料与工艺，与空间、人机关系相宜的尺度，顺应时代发展与趋势的技术，整合的设计考量，将营造更具功能、更有体验、更富感染的地铁导视设计。

图 4-15　香港地铁导视色彩系统（来源：网络）

（5）地铁空间导视系统设计原则

①识别性：识别性是地铁导视系统的首要原则，文字、图形、色彩及组合关系，须以可视化的要求，符合视知觉认知原理，呈现清晰、易读的识别效果。乘客对导视信息一目了然，快速知晓含义并指导行动，同时传递信息的文字与图形符合国际标准，不能有歧义或其他负面认知，使不同国籍、文化水平、年龄的乘客均能识别。

②通用性：地铁站点作为现代城市公共空间，大型、国际、复合性的空间特征决定了导视的公共性，具体体现在地铁系统的标准化，以及基于此的语言文字的国际性、图形符号的通用性、造型尺度、识别力度等体验通用性等方面。符合通用性设计的原则，尽最大可能面向所有的使用者，使用户快速适应、无障碍使用地铁空间功能，从而匹配地铁运行流通效率，促进地铁系统流通，实现快捷的城市交通网络功能。

③系统性：导视是逻辑思维极强的系统设计，系统性主要表现为整体、层级与秩序三方面的要求。整体是导视设计的顶层要求，对接地铁交通站点的空间功能，从整体观的导视核心概念衍生到各功能分区、动线的导视设计。整体还体现为各部分信息与设计形式的统一（图4-16）。

图4-16 日本东京中央线系统设计（来源：杜诗琪）

④人文性：不同城市有不同的城市内涵与气质，地铁站点空间是传递城市形象的重要窗口。人文性表现在地铁交通站点的导视在功能之上的体验提升，营造在地性、差异性的城市人文系统，也是城市地标、文化名胜、人情风俗等的传播平台（图4-17）。日本东京站以漆画进行橱窗装置，借传统工艺的活化与创新，渲染了地铁站点空间的气氛，形成独特的体验。

图4-17　加拿大蒙特利尔地铁交通站点（来源：网络）

（6）地铁空间导视的数字化趋势

地铁空间导视的信息系统在地铁和轻轨等城市交通车辆上运用的较多，它是依靠多媒体网络技术，核心是计算机技术，利用车站和车载显示终端向乘客提供收集信息的系统。空间导视的信息系统在地铁交通站点的出入口、电梯、站台、站厅、扶梯的上下端、列车的车厢内等乘客可看到的空间设置显示屏、投影等现代视频显示装置，进行信息的发布和展示。在通常情况下，提供乘车须知、列车到站时间、列车运营时刻表等信息及各种公告、出行参考、新闻媒体等实时的多媒体信息相互协调使用；在紧急情况下，提供紧急疏散指示，以确保乘客的安全有效疏散。车载设备接收系统无线传输的信息，使乘客通过服务信息的引导，快捷安全地乘坐轨道交通。

在地铁空间导视信息系统的设计中，设计师要根据实际情况巧妙地运用设计元素来完成它的基本功能，其中包含色彩、文字、图形、版式等方面的设计。

色彩给人的印象很深刻，并且人们对色彩的捕捉很敏锐。所以，一般都会用一些较为醒目的颜色来设计信息功能，以便发挥最好的效果来引导和警示人们。从当前我国地铁线路的色彩设计规律来看，一般采用了红、橙、黄、绿、青、兰、紫等易识别的色彩，采用暖—冷—暖或冷—暖—冷交替的搭配的方式，使视觉效果对比更加强烈和醒目。

文字是理性的一种导向方式。信息传播是文字设计的一大功能，规范的字体可以使乘客迅速准确地识别信息。但在地铁交通站点这一繁杂的空间环境中，乘客对文字的识别会受到诸多因素的影响，例如背景的杂乱、时间的短暂、距离的限制等一系列因素。因此，在地铁空间导视信息功能文字的设计中，允许对内容、字体、版式等设计进行适当处理。

图形也是信息功能中极为重要的元素。它一般以简洁、明了的形象来表达，将感性与理性相结合，弥补文字带来的障碍和不足，在一定情况下可以迅速传递特定的信息。

好的版式设计可以吸引读者的视线，清晰的版面布局使人耳目一新。地铁交通站点地下空间的导视信息复杂多变，让零散的信息形成一种有序化，使人们寻找路的同时可以放松心情。

随着科技的进步，地铁导视系统的完善离不开电子和多媒体等信息功能设施，他们将现代与传统相结合，更清晰、准确、便捷地为乘客提供导视服务，使交互性的优势大大加强。新媒体技术在导视系统上的运用很多，一方面使人与信息交流的种类越来越多，可以满足不同环境的不同需求；另一方面是它的动态性和可变性使复杂的信息可以有序地显示和传递出来（图4-18）。

信息化极大地改变了人们的出行方式，地铁导视系统借助大数据的方法与技术，将更好地改善地铁管理、乘客体验与站点形象。

大数据通过软硬件平台建设，站点空间建设智能多媒体平台搭载充值、购退票、信息查询等功能，智能信息屏显示等待时间、车次频次、车厢客流密度等详细；大型枢纽站点人工智能的应用，客流异常预警、人脸识别、语音购票等功能满足更多特殊需求，公共空间数字化沉浸式装置增强地铁使用的感官体验。从乘客的角度，大数据通过乘客的个人终端载体，将个人信息链接地铁相关的信息，包括城市交通、地铁线路与站点，甚至基于大数据的路线、车次及车厢信息推荐，集合电子化的查询、购票、检票等步骤，极大地优化了乘车效率与体验。

数字化的软硬件建构了全新的地铁服务系统，地铁导视也得以更新，一方面通过数字化升级，智能路线地图通过交互从而更为有效地获取信息，传感器和算法技术使数据可视化得以实现，生动直观地展示地铁空间、车厢内部、流量及乘客数据，提供更便捷的、安全乘车的信息引导。大数据语境下的地铁交通站点导视系统，承载了更多品质和体验提升的可能性，通过信息的多维度展示与传达，以乘客与地铁空间、服务系统形成一个个信息接触点，链接智慧城市与智慧交通的一个个节点。

但随着电子科技、多媒体介入设计且在完善设计的过程中，也逐渐存在一些问题，部分设计成果显露出对设计思考的缺乏，因此设计师们也开始了对自己责任思维的意识，在专业上进行更深入的学习和研究，在设计中做到技术与情感的融合。城市不仅依靠现代的科技和交通的发展，还要以传统的城市文化为基础。经济发展快速的今天，人性化设施也随之逐步完善，站点导视系统设计时"以人为本"这一理念，成为当下设计的准则与核心。现代的地铁导视信息系统在设计过程中，既要尊重当地的城市特征，体现城市站点的差异性，又要重视个人的价值与不同人群的差异性，肩负社会责任，重视少数群体。例如，应该考虑更加关注儿童群体，可将设计更加倾向于比例夸张结构简单等方向，考虑老龄残障群体时，则应该多考虑更加醒目及温馨的细节设计。从而让不同人群在使用导视系统时，体验到信息的准确与迅速、问询的便捷与高效，为特殊群体提供了更加准确的信息，这些都是城市文明程度的有力体现。

图4-18 深圳地铁与华为MetroBox和智慧工地解决方案，轨道是重要的应用场景（来源：网络）

4.3.4 灯光与色彩

随着经济实力的增强，科学技术的提升，中国地铁交通系统也在不断完善，对于地铁空间的要求从最初的安全、快速、高效等基础功能逐渐上升到了追求美观、舒适、艺术的氛围感。光环境作为地铁环境中统筹烘托气氛的重要一环，灯光与色彩的研究已经逐渐引起了设计者的关注与研究。

（1）灯光

地铁站点空间中的灯光艺术设计更加重视灯光通过不同的空间和特性所产生的艺术效果以及乘客对此产生的视觉心理体验，以此来达到明确的地铁空间主题、渲染空间气氛、丰富空间层次、传统地域文化等目的。灯光的运用方式各异，通过改变灯光的特性、布局方式、艺术元素等方式可以使地铁空间环境变得多样化及趣味化（图4-19）。

图4-19　2019年第四届中建杯西部"5+2"环境艺术设计双年展金奖－地铁项目设计3（来源：项目组成员绘制）

同时设置一些灯光互动公共装置也可以和乘客有一些共同的交流，使交通枢纽站点变得人性化、温度化，使观者由被动的艺术欣赏者变为主动的艺术再创造者。让人们在路程中也能有美的欣赏和艺术的感受。

灯光与色彩在某种程度上是相辅相成的。灯光的色彩以及灯光本身的造型都会对地铁空间产生特殊的效果。尤其在现代，人造光源种类繁多，其特性各不相同，不同色系照在不同色彩以及材质上都会产生多样、丰富的色彩等效果，人们随之也会产生不一样的心理反应和情绪变化，擅于利用好灯具的造型、色彩、布局方式等，对于地铁空间氛围感的塑造是极其重要的。

首先，灯具本身的造型不是孤立的，而是围绕空间所要表达的主题惊醒元素提取来塑造空间意向。如果灯具本身造型极具表现力，那么灯具也有可能成为地铁站空间中的公共艺术，给人们带来视觉美感。例如慕尼黑的Westfriedhof地铁站，站台顶部的灯具采用类似于UFO式的巨大圆顶照明灯，通过色彩上红色、黄色、蓝色等色彩的灯光投射，空间显得十分炫目，空间意向也就凸显了出来。其次，空间物体透过光照形成形态各异的影子，也会具备强烈的艺术感染力，光影的明暗效果、虚实对比是一种渲染空间效果、增加空间层次、强化空间情感的特殊装饰艺术语言。例如，蒙特利尔地铁站的展厅层空间，运用灯光镶嵌在类似于蜂窝状的多边形艺术装置中，突出其多变形态，增强了空间的艺术趣味。再次，室内空间物体的外轮廓通过光照会形成与物体本身形态相异的艺术效果，灯具本身的造型对于灯光的照射以及在空间的分布排列都有一定影响（图4-20、图4-21）。

图4-20 慕尼黑 Westfriedhof 地铁站（来源：网络）

图4-21 加拿大蒙特利尔 Namur 地铁站（来源：网络）

在地铁站内的灯光艺术设计中，需要结合到所要表达的主题空间运用一定的艺术元素，并进行有序的规律性排列来丰富空间的形态，为乘客带来视觉和心理上美的享受。例如广州南沙客运港站，因其位置比较靠近港口码头，因此整个空间就运用蓝海海洋这个元素来凸显"一带一路"的主题。空间的整体色调以海蓝色为主，给人以清爽明快的感受，与空间色调相搭配的光源也是采用了冷色调的LED灯。顶部的灯具造型，形似"海鸥"，采用了点状分布的方式，地面使用可以反光的花岗岩石材铺设，反射出了顶棚的效果，营造出无数海鸥在海平面上飞过的场景，让乘客在室内空间中也能充分体会到"海上丝绸之路"的意境。（图 4-22）

图 4-22　广州南沙客运港站（来源：网络）

灯光色调所烘托的空间氛围不同，给人的视觉感受以及心理暗示都不一样，比如暖色调的空间给人以温暖热情的感官体验，而冷色调则给人以冷静简练的氛围感受。在地铁空间中的灯光设计没有唯一性和固定性，应当结合地铁站的空间结构、材质肌理及当地城市文化需求，同时考虑到人的心理情绪层面的需求来进行空间的冷暖灯光搭配设计，才能更加贴切地传达出空间所要体现的艺术感受以及文化氛围。

通过灯光来体现空间的层次。大多数站点空间都是采用点状或是线状的统一排布方式，整个空间显得平平淡淡，缺乏层次感。灯光应该结合建筑空间结构，恰当地运用灯光的明暗对比、虚实变化、高低位置以及主次关系，使整个空间具有层次变化，更加丰富。

（2）色彩

色彩具备的功能众多，包括信息的传达、装饰美化空间、调节人的心理等。在表现力和感染力上，色彩无疑是最突出的。同时在人的视觉系统中辨识力极高，因此在室内装饰中将色彩进行适当地搭配可以起到强化空间风格的作用。色彩在地铁交通站点的室内空间也具备极强的作用，通过色彩对比、色彩搭配等方式可以增强地铁站点的空间特色并且起到很好的空间导视作用。比如斯德哥尔摩地铁站就很好地将色彩艺术融入空间装饰设计，这个地铁空间类似于一个"岩洞"，100多位艺术家参与设计，在这个可塑性极强的空间中，每个空间也由于装饰主题的不同而呈现出不同的图案与色彩。斯德哥尔摩地铁站以蓝色为主色调，蓝色的植物藤蔓以及图案绘画从岩洞底部延伸到顶部，给人以清爽感，进入到地铁站仿佛进入了一个艺术长廊，别具一番风格（图4-23）。

图4-23 斯德哥尔摩地铁交通站点（来源：网络）

色彩特有的张力和视觉感染力，通过合理运用，可以在地铁站内起到很好的视觉导向作用。地铁站的色彩应用主要分为功能色以及形象色。功能色以信息传达为主，主要应用于导视系统中，使整个导视系统形成一个整体，同时能够让地铁空间环境色彩更加统一。由于地铁站空间相对而言比较复杂，需要传达给乘客的信息比较繁杂。面对繁杂的信息，更需要功能色与地铁站导视信息相结合，考虑到色彩的整体性，功能色符号通过合理的利用可以达到简化导视系统信息的效果，让乘客可以在站内更加高效地辨别信息方位，给乘客建立起系统且完整的视觉认知印象。而形象色主要是满足人们的情感诉求，更注重整体的艺术性表达。形象色又可大致分为装饰色和公共艺术色彩设计。装饰色在地铁站空间中必不可少，在空间中能起到美化城市形象，更好地展示城市形象的作用。在地铁站空间中，地面、墙面、顶部等位置都是装饰色彩设计的重点。同时色彩的应用也要根据地铁空间大小、空间主题以及不同城市文化的差异来进行相应的调整。在公共艺术设计色彩中，色彩不仅是一种装饰，也具备一定的功能性，从而传达不同城市的信息，体现人类的文化特色。对于地铁的公共空间进行艺术设计，在色彩的运用上不仅要考虑到与功能色的融合，同时也要汲取当地城市文化历史并考虑到这个城市的长远建设发展。从乘客的情感需求角度出发，地铁站空间不仅仅是一个运输空间，同时也是一个公共交流的空间，可以传递更多的文化信息以及城市文明信息给乘客。因此，色彩设计结合一个城市的历史人文以及当代文化的表达，能够达到传递城市文化、建立地铁形象、突出鲜明的城市特色。

在地铁站点内部环境中，色彩设计应该保持合理性、协调性和统一性。以色彩为主导来构建信息网络，使不同用户的需求都能得到满足。通过科学的方法将色彩进行数据的分析、搭配、归类，以此形成一个高效率、多层次、具有引导功能的公共视觉导向体系。色彩在视觉上给予人直观的感受，通过色彩的合理搭配或强烈对比可以让游客在进入地下空间的第一时间辨清方向和所处空间，使视障等弱势群体也能更加便捷地搭乘地铁出行，整个空间更加人性化。

在地铁空间的色彩设计上，要结合当地城市的历史背景、习俗风貌、地域文化等因素。尊重当地文化、保留城市历史记忆，巧妙运用色彩的搭配来烘托地下空间的艺术感、美感，体现当地城市文化。游客在忙碌的路程中能够体验不同城市的文化风貌，在视觉上有美的享受，更加愉悦地穿梭于地铁空间。

色彩设计始终应该坚持"以人为本"的设计原则，地铁车站作为一个公共的建筑空间，在设计之初就应该从人文关怀考虑，满足乘客的需求。地下空间很容易给乘客带来封闭和压抑的感觉，色彩能够通过视觉语言给乘客传递情感，色彩语言也会对人们的潜意识动机产生影响，改变人的情绪，从而促使习惯性行为模式的改变，舒适优良的色彩环境能够缓解一个人进入地下封闭空间的不适感。

4.3.5 声环境

中国地铁站的室内设计更多地集中在可视化设计上，声学设计主要集中在以吸声措施为主，并没有考虑合理的声扩散设计。地铁站作为人们日常生活中主要的交通枢纽点，人群较为密集，良好的声环境有助于在突发事件中增加地铁站内人群的逃生系数。较高的公共语言清晰度有助于提升人们对于公共广播传递的安全求生知识的接收度。地铁站特殊的空间类型及使用功能造成地铁站内噪声较大，因此，基于对人的听力和身心健康的考虑，塑造高质量的声环境是必不可少的。

地铁站的噪声声源大致可以分列车、人流、设备、空调和起传声作用的楼板及地面。噪声源的不同所产生的噪声特性也有差异，频率分布也各具特点。因此，地铁站声环境设计可以根据声源特性，从噪声本身的控制、广播系统的设计以及人性化的声环境营造三方面着手，在具体的实践中，结合各自声源的特性，利用地铁站特殊的空间结构以及材质等方式进行设计。

（1）噪声控制

地铁站内嘈杂的人流以及列车的噪声是造成地铁站内噪声声压级过高、声环境质量低下的主要因素。此外，还包括地铁站的空调等设备发出的噪声。

对于列车所产生的噪声控制，需要从其根源处入手，一是列车行进时发出的噪声，这是成为噪声的直接声源之一；二是列车行进发出的声音在轨行区壁面的反射声；三是轨行区壁面反射声进入到公共区域壁面的再反射声以及列车行进时与轨道之间产生的摩擦震动声。

针对具体的噪声问题可以采用不同的手段去解决，由于地铁空间的建筑空间结构是不可分割的一部分，因此对于轨行区产生的噪声传入公共空间而产生的噪声，可以将轨行区与公共空间进行隔音区域的划分。目前，较多的地铁站出于安全考虑都设置了屏蔽门，这对于地铁站声环境质量的提升都产生了一定的积极作用。

若要减小轨行区壁面产生反射声后进入公共空间再反射的可能性，就需要对轨行区壁以及公共空间顶棚等可以提供反射声的壁面进行吸声处理，也可以设计增加吸声界面的表面积以提高噪声的吸声量。

采用弹性材料可以阻断列车因震动而传播的噪声，具体方法为：弹性材料直接填充阻断震动声传播和在公共区地面增加弹性垫层。

地铁站内乘客众多，出入车站、候车过程中的交谈喧哗声都成为地铁站的噪声声源之一。同时，人群构成的噪声类型比较复杂，除了交谈声，还有打电话、刷视频、行李箱托运声等。

首先，人流本身具备很大的流动性且产生的噪声相对难以控制，在公共空间内的谈论声、电话声等个人行为是难以进行统一管控的。一般只有室内空间采用吸声材料等手段来减弱人流产生的反射声。

其次，空间设计风格、灯光、色彩等客观因素对于人们的主观感受也具有一定的影响，舒适缓和的室内空间设计能够缓解人们对于嘈杂噪声的烦闷程度。

（2）广播系统改善

地下空间中语言传递指数作为人们能否有效接收到广播信息的重要指标，显得尤为重要。混响时间、声压级等综合因素与语言传递指数的高低密切相关。混响时间和声压级可以通过控制建筑空间形式、建筑容积以及一些有效的吸声处理措施来控制。

与建筑空间形式相结合：大多数地铁站中广播系统的布置方式都集中布置在距离轨行区1~2米，而站台的宽度跨度是6~15米，这样单一的布置方式也具有一定的弊端，即满足不了空间中所有人对于信息的接收需求。若要增强地铁站中人们对广播信息接收的清晰程度就需要将地下空间的结构形式与广播系统的布局方式进行设计与融合。

吸声材料的选择和布置：目前中国地铁站内对于吸声材料的选择比较固定，因此应该从最普遍的材料应用出发，对空间声环境做声学吸声处理措施。首先，在现有的材料自身特性的基础上挖掘其声学性能上的更多潜力。其次，在地铁站对于材料综合性考虑的基础上，可以尝试在地铁站声环境设计中引入其他的建筑材料和设计模式，根据噪声源自身的特性考虑吸声材料的位置布局。再次，根据长空间声学理论，当吸声材料均匀布置时，对声音的衰减作用会有所增强，在进行吸声材料布置时应考虑到该因素的影响。

（3）人性化声环境

创造人性化空间就必须从人出发，从细微之处发现人们的需求并给予关注和考虑，满足不同人群的生理、心理需要，体现出"以人为本"的设计原则。

人的生活中不能没有交流、没有音乐，但如果这些声音超过了人们的承受程度就变成了噪声。在人类创造的地铁站空间中，作为一个交通集散点，人流动率极大、使用频率极高，但常常忽略了对于良好声环境的营造。声环境是影响人生存的物理环境之一，因此需要充分考虑到人处于空间中的生理需求、心理情绪、不同年龄性别以及特殊人群的个体需求。

在地下空间，除了考虑良好的导视系统，还需要语音提示系统，对于特殊人群，尤其对于盲人而言，良好的语音提示系统可以帮助他们更好地穿行于复杂的地下空间。语音提示系统的安装需要综合考虑空间结构的布局，结合环境周围的噪声状况，采用一定的科学技术来提升声环境的质量，避免噪声的过度干扰。比如在进入乘车空间，除了视觉上的提示，还能以语音方式提醒向左向右的路线终点站方向等，在一定程度上可以照顾和缓解盲人的心理情绪，起到很好的导航作用。

4.4 站点空间公共艺术设计

公共艺术跟传统的艺术相比，是一种为公众服务的艺术，或者可以说是一切具有公共性质的艺术。它并非一种具有特定标准的艺术，也不是一种特别的艺术表现形式。它是与大众发生交互的一种方式，体现了公共空间的共享与自由的精神和立场。

随着时代的发展和城市的建设，地铁作为人们常用的出行交通枢纽，它不仅是一个出行工具那么简单，更是城市文明建设的标签，还是外来人口初步了解城市的一个窗口。因此，公共艺术是一种开放的非限制性艺术手段，他往往强调的是人与作品的互动性，这种带有交互形式的艺术种类的呈现方式往往不是简单又独立的，它需要依附在某个具体构筑物或环境空间上进行相应的呈现。在把目光聚焦到地铁空间中，一个优秀的地铁公共艺术理应体现出相应的城市特点，给予城市外来人口另一个了解这所城市的方式。随着人们精神需求的提高，地铁公共艺术也渐渐走进我们的视野，用艺术的形式向大众传递不同城市所特有的文化，运用一种独特的方式，表达着城市风采与文化特点，并且随着社会多种因素的变化而不断地延续变化下去。

4.4.1 方式与种类

（1）城市地铁交通站点环境设计中公共艺术的表现方式

地铁公共艺术则是在公共艺术这一概念上加入了一个空间上的限定。因为地铁公共空间有着运量大、人流速度快等特点，且作为人群密切接触的公共场合，首先要保证地铁空间内的公共艺术不能影响地铁交通流线，在此基础上再与周边环境结合，与当地文化艺术特征结合，营造其特有的艺术氛围。

地铁交通站点空间内公共艺术的表现方式是多种多样的。从材料方面来看，地铁公共艺术可以结合地铁室内和室外空间的装饰材料与工艺做出相应的处理，例如在意大利那不勒斯城铁 Toledo 地铁站中，该站运用了马赛克纹饰、特色艺术彩色玻璃和不计其数的 LED 灯照亮和点缀地铁站的入口，把马赛克墙壁照得犹如星河，密布着连绵不断的光电，好似无边无际的星河。而在斯德哥尔摩 SLUSSEN 地铁站中运用了各类石材做出造型并额外运用了墙绘的艺术表现手法，不仅在左右墙面上进行了绘画设计，还在顶面和地面做了对应的处理，使得走进地铁站的乘客有一种不同于一般的通行感受（图 4-24）。

图4-24 斯德哥尔摩SLUSSEN地铁交通站点（来源：网络）

从公共艺术作品的属性方面来看，可以是雕塑、墙绘、装置作品等，甚至地铁站建筑本身也是地铁公共艺术的一部分。它的表现方式既可以是纯艺术的，也可以是通过结合地铁室内外环境，结合地铁建筑来进行相应的公共艺术设计，例如 Karim Rashid 设计的意大利那不勒斯大学地铁站中，以展台方式呈现的公共艺术与拼贴抽象画方式呈现的墙绘公共艺术。将建筑内部空间做艺术化处理，当人们从广场进入地铁站的时候，将穿行一个铺满了陶瓦的室内空间，通道墙面上的这些抽象画，不同的人们穿行这里则会有不一样的感受，极具趣味性（图 4-25、图 4-26）。

图 4-25 展台图（来源：网络）　　　　　　　　　图 4-26 墙绘（来源：网络）

（2）城市地铁交通站点环境设计中公共艺术的种类

狭义上的"地铁公共艺术"指地铁室内、室外空间中的公共艺术，广义上的"地铁公共艺术"中包含着各种各样的动态艺术作品。传统的地铁公共艺术作品大多被放置在地铁站厅内，形式又以墙面装饰居多，如壁画、浮雕。而现代公共艺术的形式已拓展了很多，包括地面设计、顶棚设计、灯光设计、装置设计、新媒体设计等，而这些地铁公共艺术作品分别分布在地铁出入口空间、出入口斜街的扶梯以及通道空间、站厅层空间和站台层空间中，根据所属地铁空间位置的不同，则需要不同种类的公共艺术。而每个地铁空间之所以要有不同种类的公共艺术，是因为由于空间位置的不同而导致乘客的行为模式和感官焦点也会不同。

地铁交通站点出入口空间：地铁站出入口空间的公共艺术往往都以地铁站出入口的建筑本身为主。例如新艺术运动中，赫克特吉马德设计的巴黎地铁站入口一般，其地铁站的入口主要材料使用的是玻璃、青铜等金属材料，整个结构外形看起来有着自然主义的风采。同时在外壳上也不乏细节的设计，举例来说，植物枝干形式的金属栏杆，其上还装饰一些自然植物的藤蔓，相互缠绕与交织（图4-27）。顶棚的处理则更具特色，采用的是海贝的自然形状，与植物的树干枝蔓相结合，形成一种独特的自然美。再比如后现代主义时期，法兰克福的"波肯海曼·瓦特"站就是一个很典型的代表。第二次世界大战后法兰克福的城市建筑与市政设施几乎全部被摧毁，这一地铁站便是第二次世界大战后重建的作品。该站的出入口犹如一辆地下列车破土而出，仿佛其不仅仅是物理层面上的一个地铁站入口，更像是一个具有生命的活动事物，给予路过乘客一种全新的体验（图4-28）。

楼梯扶梯空间与通道空间：从出入口进入后便是扶梯空间与通道空间，这两个空间的主要作用就是连接地铁出入口和站厅层空间。人们在此处的视觉焦点往往放在正前方，所以在这两个空间常见的地铁公共艺术都聚集在墙面、地板与顶棚设计上。犹如前文所提到的意大利那不勒斯 Toledo 地铁站中，该站在扶梯空间的顶棚与墙面上运用了马赛克纹饰、经过艺术化处理的玻璃和无数的 LED 灯进行点亮和装饰。而在意大利那不勒斯的另一个地铁站又有另一番风景，大学地铁站中的楼梯空间设计上，在乘车上下梯步的地面上设计了有着但丁和贝雅特丽齐的抽象派肖像，而这一处理不仅仅会吸引乘客的注意力还具有一定的引导作用（图4-29）。

图 4-27　巴黎地铁站入口（来源：网络）　　图 4-28　波肯海曼·瓦特站入口（来源：网络）

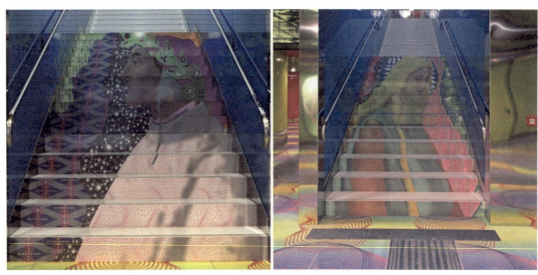

图 4-29　意大利那不勒斯 Toledo 地铁交通站点（来源：网络）

站厅层空间：站厅层往往是地铁站空间中所占面积最大的场地，其中对于公共艺术种类则没有过多的限制。这些公共艺术可以摆置于展厅的墙面、地板、顶棚、电梯楼梯口旁和售票厅前空旷的空间等地方。它既可以是传统的地铁公共艺术，比如艺术雕塑、墙绘、艺术售票厅、艺术坐凳等；也可以是创新式的地铁公共艺术，比如新媒体设计、美术、摄影等展览性艺术和照明艺术设计等。在 2018 年的 Broadway-Lafayette 地铁站中，英国的音乐媒体 Spotify 和布鲁克林博物馆进行了一次"快闪"合作。他们运用了音乐家 David Bowie 的经典照片、艺术肖像画甚至是粉丝所创造的艺术品装点了该地铁站，以纪念该音乐家和艺术家对艺术时尚界的影响（图 4-30）。

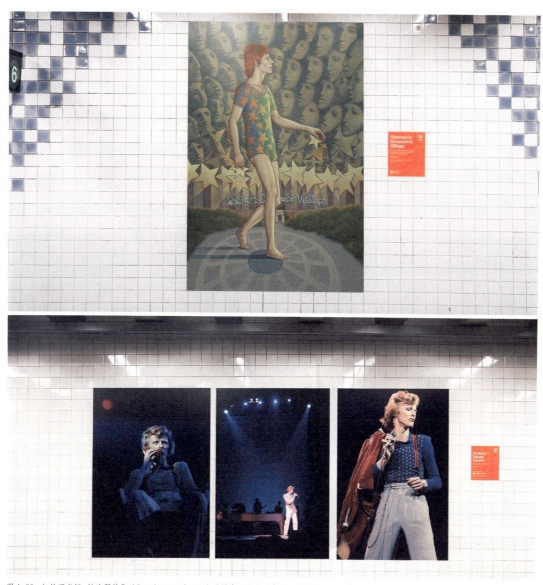

图 4-30 纽约百老汇 拉法耶特街（Broadway-Lafayette）地铁交通站点（来源：网络）

站台层空间：站台层空间是人们候车的区域，乘客会在此做短暂停留的候车动作或者快速上下车，所以站台层空间的公共艺术种类则与乘客候车和上下车有关。由上文乘客视觉焦点分析所得，该空间的公共艺术可以是休息坐凳与艺术墙面结合，供乘客候车做短暂停留，例如里斯本的 Picoas 站最著名的便是"当代马赛克壁画艺术"，这幅艺术壁画色彩对比分明并且以非洲的黑人团体作为绘画主题。该站还结合了里斯本著名的"阿兹雷荷瓷砖"，这是葡萄牙文化代表之一的艺术品，为面积 11～18 平方厘米的布满彩绘的小瓷砖，广泛用于宗教或民间重要建筑的正面装饰。除此之外，也可以是与候车屏幕结合的新媒体设计，或者是地面和顶棚的艺术设计等（图 4-31）。

图 4-31 里斯本的 Picoas 地铁交通站点（来源：网络）

站台空间层分析

表 4-2

空间位置	乘客行为模式	感官焦点分析	公共艺术的可能种类
出入口空间	驻足休息、快速移动	进入地铁的乘客，视觉焦点首先是聚集在出入口的本身，逐渐进入后视觉焦点在转变为扶梯口、顶棚与墙面	①出入口建筑本身的公共艺术设计；②地面、墙面和顶棚引导式公共艺术；③艺术站点信息牌
楼梯扶梯空间	匀速移动	进站检票口与楼梯口的距离	进站检票口与楼梯口的距离
通道空间	快速移动	乘客的主要目的是快速移动以到达站厅层空间或者是出入口空间。许多乘客的视觉焦点都放在正前方，并快速移动离开此空间	①地面、墙面和顶棚新媒体影像、色彩设计和照明设计等；②指引性公共雕塑设计；③通道艺术坐凳
站厅层空间	驻足休息、快速移动	站厅是人来人往的必经之处，在此空间中，乘客移动的速度相当快，人流量多。他们往往以环视的方式快速吸取信息	①站点形象雕塑公共艺术设计；②艺术休憩座椅设计；③艺术售票厅；④临时展览布置
站台层空间	候车、快速移动	站台层是乘客候车的地点，可能会形成快速上车或者存在一段时间的驻留等候的情况。人们的视觉焦点往往聚焦于地铁进站端和候车预计时间的电子屏幕处	①艺术休憩座椅设计搭配墙绘设计；②候车信息新媒体投影设计；③车轨墙面灯光设计；④地面引导式铺面设计

（来源：网络）

4.4.2 公共艺术的表现手法

地铁交通站点空间中公共艺术的方式和种类有着不同的表现特征。从总体上看，地铁交通站点中的公共艺术的表现特征主要包含公共空间导向性、艺术空间性、地域文化性、互动参与性四个方面。具体运用的类型可以划分为以壁画、雕塑为主的传统样式和以新媒体、装置为主的新型样式。

（1）空间导向性

地铁交通站点空间是面向全体民众日常交通的公共场域，交通空间的导向性尤为重要。地铁空间中的流线设计应着眼于便利、安全、舒适几个方面。空间中导视系统应当明确、清晰、可视性强。公共艺术作为媒介传递导向信息能够将人群的视觉中心聚焦，将空间导向更加快速地传递给地铁内的乘客，提高通行的便捷程度。将导向信息和艺术两者的结合，不仅增强了对行人的视觉吸引力，还彰显了设计中的人文关怀和城市文化内涵。

（2）灯光的艺术性

公共艺术的艺术性表现是其重要特征，空间艺术的呈现包括灯光、造型、材质、色彩等多方面的综合呈现。空间照明是地铁交通站点空间中设计的重要部分，保障和提升室内空间品质重要的公共艺术表现元素。在公共艺术中，光的选择和运用对于整个空间的气氛和质感的营造尤为重要，其对于使用者的心理感受和视觉感受能够起到一定的调节作用，灯光照明要做到空间环境设计和谐统一。自然光线的合理运用能够使乘客产生身处地面的心理感受，地铁空间中在能够利用自然采光的条件下，充分利用自然光线，给予行人在空间中舒适和温馨的感受。人工照明的运用在公共艺术中能够将其场域所表达的环境氛围传递给观者，人工照明的色彩和明度的选择是公共艺术灯光照明的关键，如上海吴中路地铁站，整体环境的灯光色彩和明度烘托其主体装置，以展示传统与现代的夜上海形象，将其生动地传递给观者（图4-32）。

图 4-32 上海吴中路地铁交通站点灯光照明（来源：自摄）

（3）文化在地性

地铁作为城市公共交通方式，地铁交通站点中的公共艺术的设计表现应展现城市文化，树立城市形象。运用地域文化特征和元素，在地铁交通站点内的通道、墙面、吊顶、地面。公共设施座椅、垃圾桶等区域进行表现创作，采用具有能够表现地域本土风貌的材料，明确城市形象标识，形成独树一帜的地域特点，传承地域文化。利用公共艺术的方式使市民融入于城市文化之中，更加全面的体现地域文化。

地铁交通站点空间主题是空间的灵魂，能够表达出特定的地域文化内涵，能够给行人带来独特的感官体验。在地铁空间中应当建立"一线一主题，一站一点题"地铁全线营造整体主题，站点主题依附于全线主题，进行延展与扩充，是全线主题的分支，同时与站点外环境相匹配。全线大主题是基于城市文化脉络进行创作，利用地域的信息和文化。站点小主题是根据线路经过区域的不同文化特征，每个区域内具有代表性的精神文化，全方位挖掘城市的地域特点，在不同的区域的站点展现出来。

（4）互动参与性

互动性是公共艺术在传统公共艺术发展的基础上，借助现代各类新型技术材料作为创作手段，逐渐从公众被动地接受转变为能够与观者产生交互反应的公共艺术。公共艺术的互动参与性是将大众与艺术作品产生链接的桥梁，使大众能够对公共艺术所传达的社会意识产生响应，公众的参与也能够更加凸显公共艺术服务于大众的本质。公共艺术通过新媒体技术创作，提高了大众对其参与程度增加，公共艺术照明的呈现多种多样。在互动影像、数字声音、虚拟现实、交互艺术、数据可视化以及电子网络使几种常见的创作中运用的新媒体技术，利用不同技术的创作对于接受者的感受表现在多方面，从外在的感官体验到内心的情绪转变，带来的是新奇的体验、神秘的感知变化。当代公共艺术的交互类型主要分为实体式互动、参与式互动、创作式互动、虚拟式互动四种。

在地铁交通站点中公共艺术创作表现以传统样式和新型样式结合呈现，将城市人群的日常生活空间注入艺术活力，激活地铁交通站点空间，让艺术成为日常生活。

（1）以壁画、雕塑为主的传统样式

以壁画、雕塑作为传统的艺术创作，在城市空间中广泛运用公共艺术，作为传统造型手段，以具象和抽象结合的语言特征直接呈现具有叙事性与纪念性的地标文化与人物，是传统样式最强有力的优势。在《北京宪章》中吴良镛教授曾明确提出当下的建筑学要建立文化观，重视文化建设，创造整体的环境艺术，提倡："建筑、雕塑、绘画三者统一，雕塑、绘画、工艺和手工劳动重新统一运用到新建筑中"。壁画作为文化表现的重要载体，是与建筑、环境艺术紧密结合的艺术表现形式，使公共空间具有更加丰富的地域文化内涵，空间中的城市文化性通过壁画、雕塑创作方法更加深刻地传递给大众,并直截了当地通过艺术传扬城市文化,丰富城市文化。

地铁壁画是与地铁交通站点结合最密切的艺术形式,能够最直接有效地体现地铁文化的艺术语言。通过对地铁交通站点空间立面进行艺术创作营造精神空间,使行人心中的想象和现实的需求重合。想象与现实的叠合,迸发出有别于现实的新感知、新视野,让地铁环境充斥着有机与活力。地铁壁画是展现城市文化与内涵的窗口,是将城市文明注入大众的日常生活,通过地铁交通站点环境本身传播城市文化。(图4-33)

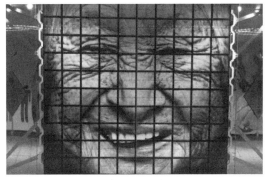 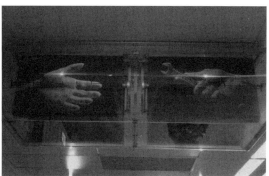

图4-33 多种形式的地铁壁画(来源:网络)

(2)以新媒体、装置为主的新型样式

新媒体艺术是利用现代信息传播技术进行艺术创作的媒介形式。当下创作的方式主要利用全息投影、互动影像技术和多种材料组合而成的装置艺术。从用户体验角度,综合激发大众多重神经感官体验的艺术创作;从作品创作形式角度,新媒体是吸收了多种艺术形式与内涵的综合呈现,利用新型技术装置全方位展现艺术面貌。新媒体艺术以装置作品为核心,向大众传递综合多样的信息要素,将观者感官神经从内到外激活,观者从接受信息到汇总信息于大脑,产生多元交织的快感,从而激发意识的活跃和更多可能性的运动,从而达到对于信息文化的认知和判断。(图4-34)

作为地铁交通站点中新兴的艺术形式,新媒体艺术将公共性、临场感和互动性充分展现。新媒体形式的地铁公共艺术,能够将多元的艺术表现形式给予城市和地域文化发展的活力,丰富城市魅力,增强城市地域文化的认同感和人文关怀的展现,将"城与人"更加紧密地联系在一起,以艺术为媒使城市与人传递彼此的能量与感受,将地域文化体现得更加丰富、完整。

图 4-34 新媒体艺术介入地铁装置（来源：网络）

地铁交通站点中公共艺术的出现，使大众更加了解了城市的文脉和内涵，也使人能够参与到体验城市之中，地铁交通站点空间也将被延伸到站厅、站台之外的生活空间、网络空间、社会空间、激活大众参与互动，将公共艺术中传达给大众的价值和作用有效地反馈给社会，城市的精神文化建设也将通过公共艺术的创作彰显具有时代性的理解。

4.5 技术要求与规范

4.5.1 设计规范

《地铁设计规范》GB 50157-2013 及相关国家与地方规范、规程和规定
《地铁设计防火标准》GB 51298-2018
《建筑设计防火规范》GB 50016-2014
《建筑内部装修设计防火规范》GB 50222-2017
《无障碍设计规范》GB 50763-2012
《民用建筑设计统一标准》GB 50352-2019
《民用建筑工程室内环境污染控制技术规程》GB 50325-2010
《建筑玻璃应用技术规程》JGJ 113-2015
《城市轨道交通照明》GB/T 16275-2008
《房屋建筑制图统一标准》GB/T 50001-2017
《建筑材料放射性核素限量》GB 6566-2010
《建筑室内吊顶工程技术规程》CECS 255-2009
《公共建筑节能设计标准》GB 50189-2015
《人民防空工程设计防火规范》GB 50098-2009
《建筑抗震设计规范》（附条文说明）（2016 年版）GB 50011-2010

4.5.2 设计技术要求、材料要求及施工注意事项
（以成都地铁为例）

（1）顶棚

①顶棚定位以站台长度中心线和车站建筑轴线为基准。出入口扶梯踏步至铝合金平板顶棚不低于2.300m。

② 顶棚吊挂与结构面连接采用大于M8的SU304#膨胀螺栓，吊杆采用φ8镀锌钢拉杆独立吊挂。若因设备管线原因，顶棚吊杆无条件与结构板连接固定的，或主龙骨距结构顶板长度超过1500mm后，应增设L50角钢转换吊架引接顶棚吊杆，具体位置与数量由施工方根据现场情况确定。吊杆间距不大于1200mm，距主龙骨端头应不大300mm，均匀布置。若遇较大设备或通风管道，吊杆间距大于1200mm时，宜采用型钢扁担来满足吊杆间距。设备原则上独立吊挂，不与顶棚发生关系，顶棚铺设按建筑顺坡吊挂。顶棚吊杆点位必须横平竖直，吊杆必须垂直。

③主龙骨悬挑长度不得大于300mm。按照建筑装饰装修工程质量验收规范要求龙骨悬挑长度大于300mm须增加吊杆。

④地下站顶棚吊顶面层以上所有吊杆、主龙骨、原结构顶、管线整体喷涂。

⑤结构变形缝处与诱导缝处，吊顶内主辅龙骨要断开连接。

⑥吊顶上的所有系统专业设备均须独立安装，不得架设在装修吊顶龙骨中。

⑦根据建筑设计定位，在各楼梯井四周及防烟分区设置挡烟垂壁。楼梯井四周挡烟垂壁主要由铝合金平板背衬防火板构成，楼扶梯底部区域采用防火板进行封堵。防烟分区挡烟垂壁位于个性区时采用防火玻璃，采用成品铝合金收口条收口，位于共性区时采用防火板。若有管线穿过挡烟垂壁应采用防火材料进行孔洞封堵，其余部分详见具体设计。挡烟垂壁上所有金属构件均应刷防火涂料，耐火极限≥0.5h，挡烟垂壁的高度应该≥0.1H且不小于500mm，下垂底部标高不高于排烟口标高，以保证排烟口在储烟仓内。

⑧顶棚板材、龙骨、吊杆的规格、细部尺寸及安装方式由供应商根据设计提供的图纸进行深化，但顶棚组合基本模数、顶棚与墙尺寸不变，施工单位应在顶棚图纸（生产放样图和内部龙骨吊挂系统计算书）经监理、设计和业主审核确认后方可施工。

⑨感烟探测器：在站厅、站台公共区设置感烟探测器（数量以FAS施工图为准），装修专业应负责在封闭式装修板顶棚相应位置开孔，开孔的尺寸、位置由综合监控承包商提供并配合。

⑩通道顶棚在变形缝及人防门段处龙骨应断开处理。

(2)墙面

①墙面定位以有效车站中心线和车站建筑轴线为基准。墙、柱面干挂体系需要由厂家深化设计；提供计算书、膨胀螺栓拉拔值并对墙、柱面干挂体系的安全性负责。

②公共区墙面材料安装装饰面板与装饰面板距离车站结构墙280mm（距离设备房侧墙100～150mm）。顶部障碍物之间预留100mm的安装空间。当埋板间距≤3000mm时，上下各设置1个埋板，当埋板间距＞3000mm时，中间增加一块埋板，当设备侧墙预留弱电专业末端设备配电箱时，完成面应按250mm设置。

③所有公共区墙面铺设均按建筑顺坡安装，竖向以绝对垂直线为基准安装。墙面石材均须做材料的六面防护，材料金属背架均须热镀锌处理。

④墙面所有检修门均为暗藏检修门，具体做法见设计图纸，所有暗藏检修门均须设计锁具以保证运营需求。

⑤墙面预留出入口位置墙体表面采用同周边材料或者广告灯箱处理，在与其他离壁墙接驳处墙面龙骨须断开，独立安装，方便后期的拆卸。

⑥墙面、柱面所有暗装设备的设备门与墙面材质和颜色一致，管线须沿墙面布置时，集中在最高一排墙面板背后的管线铺设空间内。明装设备按各系统专业提供尺寸在墙面预留孔洞安装，除公用电话外，设备面均应与墙面平齐。承包商应根据现场情况及接口系统的要求配合在装修材料上开孔。

⑦安装系统在站厅站台的柱面上须设乘客求助报警对讲系统，装修单位负责开安装孔，并定尺寸。位置由安防承包商负责。

⑧FAS手动报警按钮、电话插孔：在站厅、站台公共区设置手动报警按钮、电话插孔，采用墙上安装方式，安装于消火栓旁边，在相应的安装位置，装修单位应负责开孔，开孔尺寸、位置由综合监控承包商提供并配合，装修单位应提前通知综合监控承包商。为避免对已建装饰工程造成大的破坏，对于共用车控室的换乘站，先建线路需统一规划车控室的线槽路径，预留后期线路进入车控室的线槽路径。

⑨BAS温湿度传感器安装在公共区立柱上部，位置应该以通风控制工艺图和BAS最终图纸为准，装修单位应负责开安装孔，开孔尺寸、位置由综合监控承包提供并配合安装。装修单位应提前通知综合监控承包商。

(3)地面

①站厅、站台公共区地面材料以车站建筑轴线为基准放线铺贴，并在轴线位置设置10mm宽材料伸缩缝；出入口通道梯段以外地面及踏步均采用防滑处理铺装，遇需拼剪切割时，切割后的单块板块

不得小于单块标板的三分之一。

②地面铺贴花岗石留缝需控制在 0.5~1mm 范围内，以解决花岗石平整度引起的拼缝起剪问题，地面沉降缝做特殊处理，站厅部分的地面装修，须与预留地漏配合。地面地漏为不锈钢防臭地漏，周边 1m 范围内向地漏找 1% 的坡度。地面四周阴角处非整砖宽度应不小于标准规格的三分之一。

③公共区地面装修负责在 AFC 预留设备出现位置上提供可揭开盖板。盖板不得跨缝设置，盖板应能覆盖预留设备出线孔。盖板的数量、位置以 AFC 施工图为准，请公共区地面装修施工单位与 AFC 施工单位密切配合并协商确定。

④地面检修口，做法参见检查人孔，面层材质与周边材质一致，其镶边预埋件应与地面基层结合牢固，直顺，宽窄一致并与装修面齐平。

⑤盲道设置

盲道采用盲道砖，并按国家规范《无障碍设计规范》。盲道设置原则：从市政无障碍系统接入车站出入口的无障碍垂直电梯，由无障碍垂直电梯进入站台层即可通往无障碍厕所，从站厅层的无障碍电梯到达站台层的候车区，盲道宽度为 400mm，与障碍物的距离为 250 ~ 500mm，与踏步边缘的距离为 300mm，且应选用 A 级不燃材料，站台层盲道从上行段前进方向第 15 个屏幕门与下行段前进方向第 15 个站台门处引出，引入无障碍电梯及一个楼梯。

⑥地面疏散标识设置

地面疏散标识为 180mm 带电型疏散指示灯，标准间距 3200mm，最大 ≤ 5000mm。梯步疏散标识采用自发光疏散指示标识，嵌入石材安装。

⑦正线距站台门门槛 1290mm（含两侧各 10mm 绝缘缝）、端门站台侧距门槛 1500mm（宽）范围内的地面绝缘层、端门设备区侧绝缘层宽度 1500mm 由站台门专业实施由站台门专业实施，墙面部分距门槛 1500mm、宽 3000mm 高的墙面绝缘由公共区装修专业实施。绝缘层敷设时按二柱轴线之间为一个独立绝缘单元且与非绝缘区的石材伸缩缝连接，每侧站台边绝缘带由若干个独立的绝缘单元组成，绝缘层设计具体详见图纸设计。在正常大气压条件下，额定电压 $U \leqslant 60V$ 时，绝缘层的绝缘电阻须满足 $\geqslant 0.5\Omega$ 的要求（用 500V 兆欧表测试），站台门绝缘区域处理属公共区装修范围，做法以屏幕门专业施工图为准。

⑧站台门专业实施范围应为 < 1600mm（距轨道中心线）+2600mm，余下部分由装修收口，现场复核侧站台宽度后实施。侧站台实际总宽度小于 2750mm 时，墙面装修层在端门站台侧收口，墙面装修层厚度不得大于 150mm，以免影响站台门端门活动门开启。侧站台实际总宽度若小于 2600mm，站台门缩小端门单元规格做非标处理，具体尺寸结合现场测量确定。

⑨装修承包商应根据地面设备的开孔尺寸配合相关设备系统进行装修材料的开孔。
⑩所有地面施工完成均须做好成品保护。

(4) 装修材料要求

①根据《地铁设计规范》（GB50157-2013），所选用材料的各项指标均须达到国家规定的有关标准，符合防火、防潮、防蚀、防滑、耐久、无毒、无异味、防静电吸尘和低放射性等要求。本工程按一级耐火等级设计，所采用的装修材料燃烧性能等级均应为A级不燃材料，挡烟垂壁上所有金属构件均应刷防火涂料耐火极限≥0.5h，具体详见装修材料表。

②所有的金属构件、配件，均按照有关规定进行防锈、防蚀、防火处理。板材的规格、强度和表面光洁度须满足设计技术要求及相关标准规定。所有金属材料须工厂定制加工后现场安装，禁止在现场裁割开孔。

③选用石材的表面要平整，色泽要统一，不得出现较明显的色差。所有石材表面（6面）须做防护处理，所有外露边缘均做抛光处理（白麻抛光度不小于90°，绿麻抛光度不小于85°）。

④选用石材的表面要平整，色泽要统一，不得出现较明显的色差。所有石材表面(6面)须做防护处理，所有外露边缘均做抛光处理（白麻抛光度不小于90°，绿麻抛光度不小于85°）。

⑤各部位、部件的施工和安装，除满足施工图中的技术要求外，还应符合有关施工及验收规范的规定。

⑥所有的灯箱、导向标志、休息椅、售检票机等固定服务设施的材料，应采用不低于B1级难燃材料。

⑦两个防火分区之间应采用耐火极限不低于3小时的防火墙和甲级防火门分隔，在防火墙设有观察窗时，应采用甲级防火窗；防火分区的楼板应采用耐火极限不低于1.5h的楼板面向公共区的门应包不锈钢外包板，耐火等级为A级，耐火极限不低于3小时。

⑧所有室内不锈钢材质选用304不锈钢，室外不锈钢材质为316不锈钢，玻璃栏杆立柱采用实心。公共区分区栏杆、限位栏杆采用钢化玻璃，楼梯及楼扶梯洞口栏杆采用钢化夹胶玻璃。有高差的楼梯栏杆处须做磨砂处理。

⑨所有湿作业砂浆均采用M7.5预拌砂浆。

⑩站厅售票问讯亭采用预制组装的安装方式。设计符合模数，构件按模块组合，工厂预制，现场组装，安装与维护简单、方便。

⑪所有需接地的装修材料，应与各专业协调后才可就近接到相关专业预留的接地端子上（金属吊顶、墙面龙骨、栏杆、防火门、灯箱、票亭、售票设备等）。顶棚与墙面金属龙骨由承包商根据动照

专业的要求，参照《等电位联结安装》图集号（02D501-2），进行等电位地。等电位连接的保护范围：楼梯扶手、闸机外壳、金属栏杆、自动扶梯裙板、金属门框、顶棚龙骨等人体可触及的非用电金属件。

（5）施工注意事项

①所有表面装修材料竣工后均应横平、竖直、表面平整，色彩均匀，同类材料色彩及装修面料不得出现影响效果的颜色及纹理的差别。

②天、地、墙的材料及色彩应由装修系统设计单位提供，交由设计监理、业主选择后做样板确定，施工单位须做一段样板由业主、监理及设计单位确定后方可大面积施工。

③各个界面上遇到结构变形缝处，装修材料及龙骨等应断开，并根据面层设计留缝。

④本设计所有安装在公共区顶棚上的设备必须安装在顶棚材料的缝隙中，不得在顶棚材料上现场裁割、开孔。如在施工过程中，有设备不得不在顶棚材料上安装，其定位应经得设计同意，由设计根据现场情况进行处理。

⑤顶棚、干挂板材的具体构造节点由承包商进行深化处理，但是不得改变设计方案及效果，承包商应保证其构造的安全性、合理性、经济性，设计、监理、业主应确认其节点处理方式没有改变设计方案及效果。

⑥顶棚及墙面结构造必须紧密不松动、无噪声、抗震。

⑦墙面及地面的装饰材料平整度公差±1mm（2m直尺）。墙面材料干挂件安装时须内低外高，以防止渗漏外流。

⑧隔墙、沟槽管洞尺寸（包括门窗洞口尺寸），具体详见车站设备区装修施工图册。

⑨柱面装修层厚度不得超过100mm。柱子踢脚转角处为圆角抛光处理，转角处不得超出柱面装饰板转角。

⑩装修承包需在墙面装修层上为门禁读卡器开孔，装修承包商施工时必须通知门禁承包商到现场配合，由门禁承包商确定开孔的具体位置。

⑪装修承包商施工前必须与门禁承包商确认装修层内的门禁管线是否敷设完成，应在门禁管线敷设完成后再进行装修层封闭。

⑫各专业设备具体安装方式详各专业图纸。

⑬如设备区装修图纸内容与公共区装修图纸内容出现重复，以公共区装修图纸为准。

⑭凡图中节点细微之处不详尽的，由施工单位根据现场情况出解决方案提设计确认，并按国家或

成都市相关规范执行。

(6) 人防要求

①侧墙部分：人防主要、次要出入口通道内，人防防护密闭门和密闭门的藏门间外的离壁墙装修设 900mm×1800mm 的检修门，以利于门扇开启和伪装，保证平时维护和战前快速平战转换需要。人防门平时隐藏在藏门间内，平时需要半年进行一次维护。

②对于门孔高度为 2600mm 的通道，活动侧墙不宜低于 3000mm；对于门孔高度为 2800mm 的通道，活动侧墙不宜低于 3200mm。门槛上表面平装修层，人防门门槛或封堵槽用不锈钢钢板覆盖，不应用材料填死；疏散通道地面应平整，不应有门槛。

③人防进、排风井，人防防毒通道、密闭通道内，墙壁应抹光，平整光洁，易于清洗。

④对于人防门门孔高度为 2600mm 的通道，装修吊顶下底面标高应不小于 2800mm；对于门孔高度为 2800mm 的通道，装修吊顶下地面标高应不小于 3000mm。吊顶与侧墙装修的配合由装修单位确定。门框上部及门框上方的墙，可采用可拆卸式装修面板进行隐藏，同时可以保证门扇正常开、闭锁。

⑤人防区域所有顶板不应抹灰，吊顶应采用轻质坚固的龙骨，吊顶饰面材料应方便拆卸，不宜在公共区吊顶装饰中设置大型吊灯等容易掉落或不方便平战转换的设备，如有设置，应考虑平战转换时拆卸时限要求和转换预案。

⑥地面部分：所有平时、战时出入口通道的人防段（含人防门开启影响范围）装修地面不应有坡度，需保持平整，否则人防门不能正常启闭，导致装修地面破坏。人防门门槛上表面应平装修面层，不应有门槛，否则影响消防疏散和平时使用。

⑦施工：人防主体结构严禁打洞，管线必须通过预留防护密闭穿管过墙，管线不得从门洞中直接穿越，装修布置不得影响人防预留管线穿越。

⑧人防防护区域内，顶板不得抹灰（规范强条，如有违反即不合格工程）。

⑨装修过程中，不得对人防墙、门框墙开孔，剔打（规范强条，如有违反即为不合格工程）。

⑩设有人防门的人员出入口通道（即人防段，含人防门开启影响范围）装修地面不应有坡度，需保持平整，否则人防门不能正常启闭。人防门处装修不得设置门槛影响消防疏散。

⑪公共区人防门处吊顶装修后，其门洞高度需满足消防疏散要求，和《地铁设计规范》表9.3.15-1、表9.3.15-2中规定车站各部位最小高度表要求。

⑫所有人防门上方人防预留套管在穿线完成后，须按人防要求进行封堵密实。

⑬人防门处的装修构造应可以快速拆除，不能影响人防门启闭，不得损坏人防设备。装修构造不能影响人防临战转换实施。

⑭出入口通道的人防门设备的藏门间地面须做平装修层，注意防爆波地漏须低于地面1~2cm。

⑮管线必须通过预留防护密闭穿管过墙，管线不得从门洞中直接穿越，装修布置不得影响人防预留管线穿越，管线穿越后须用沥青麻丝缠绕后再用防火胶泥封闭孔隙。

（7）与其他机电设备协调原则

①安装通信设备（包含但不限于如下设备：广播、摄像头、显示屏、天线等）时顶棚开孔由装修专业负责，开孔位置以后期通信系统施工图为准。

②地铁导向牌安装位置需与通信专业PIS系统统筹考虑以确保美观，具体位置以现场施工配合为准。

③信号系统设置于站台的紧急停车按钮采用墙上安装方式，在相应的安装位置，装修单位应负责开孔。安装高度为按钮箱下边缘距装修地面完成面1600mm，开孔尺寸：195（长）mm×80（厚）mm×195（高）mm，具体位置详见图纸，信号系统承包商提供并进行配合，为避免对建装饰工程造成大的破坏，装修单位应提前通知信号系统承包商。

④设备设置在吊顶下时，不应与导向牌相互遮挡。

⑤墙（柱）面消防栓、冲洗栓的设置不应与AFC闸机冲突。

⑥可视对讲分机，嵌入装修板内安装，尺寸为200mm×112mm×35mm（长×宽×深），安装高度底边距地离地面装修完成面高1400mm，须在柱子离壁墙上开孔，由装修施工单位开孔（开孔前须与设备厂家确认配合）。

具体在装修设计和施工图绘制时，须根据综合监控、人防门、建筑、给水排水、动力照明、通风空调、通信、信号、自动售检票AFC、FAS、BAS等各专业要求详尽考虑，以下就较常出现的问题进行罗列：

综合监控、人防门

1. 出入口通道内，盲道遇到人防门不锈钢门槛应断开。
2. 如自动售票机放置位置距离墙面较远，须核实设备后方有无需要防护的开关，建议采取一定的保护措施。同时售票机后方墙面的设备区开门和其他设备以及紧急疏散指示等如有一定遮挡，建议移开。
3. 站台层缘带做法应注明，绝缘带应延伸至屏蔽门外，司机站立范围。
4. 站台层顶棚布置图应表示挡烟垂壁。
5. 核实楼梯下三角机房位置及高度及做法是否满足要求。
6. 车站面，须与建筑施工图剖面图有所区别，须反映吊顶、墙面等与主要设备终端的关系等。
7. 楼梯、扶梯、垂直电梯前盲道提示块与前方障碍物距离应为250～500mm，不可贴邻。
8. 出入口通道内，盲道遇到人防门不锈钢门槛应断开。
9. 站厅层顶棚布置图中，造型吊顶遇无障碍电梯处应断开并深化节点。
10. 墙面若采用大板石材且存在非标板，需解决开孔切割和大板块运输问题，同时大板块较重，存在一定的安全隐患，应加强安装节点的强度，坡道段建议不设广告或设置与板块能较好融合的小型广告。
11. 横剖面图应与建筑施工图剖面图有所区别，应反映吊顶、墙面等与主要设备终端的关系等。
12. 站台层盲道应连通至无障碍卫生间。
13. 公共区不能仅在一侧地面布置疏散指示标志，需要另在柱面增加疏散指示标志。
14. 出入口剖面应有标注和引注。
15. 措施表里涂料应采用无机涂料，不宜出现乳胶漆文字。
16. 墙面若采用大板块等较重材料，其安装和运输不便，开孔开门容易损坏，在乘客较多的场所有一定的安全隐患。
17. 盲道经由宽闸机进付费区的，不建议通过疏散门进入。站厅盲道只需通向一个楼梯，同时必须站厅、站台是同一部楼梯。

18. 地面铺装建议增加起铺点。
19. 站台挡烟垂壁位置应在顶棚图注明，并与剖面图一致。
20. 出入口的吊顶在残疾人电梯通道前建议水平设置，便于照明。
21. 三角房顶部与楼梯扶梯的底部应作防火隔断，同时其余裸露在公共区的自动扶梯地面也应包裹防火措施。
22. 站厅公共区楼梯之间的纵梁设置两道栏杆，防止人员翻到纵梁上。楼梯剖面应标出最不利点净高。

建筑

23. "国家现行的有关规范、标准、规定"引用的版本号应更新为最新版本。
24. 站厅综合平面图中、地面布置图应标注地面标高及与建筑对应的绝对标高。
25. 应按站厅公共区任一点至各安全出口不大于 50m 的要求，核实地面疏散指示标识的疏散方向是否有误。
26. 核实公共区离壁墙是否设有广告灯箱，应注意预留出入口，接口处不应设置广告灯箱、导向贴附等，尽量减少后期出入口实施时的改造量。
27. 各出入口通道平面应核实平面标高和出入口平台的铺装及盲道与市政接驳情况。

给水排水

28. 公共区设置了喷淋系统的车站装修专业明确各站的吊顶形式属于下列哪些：①裸顶；②空隙率大于 70% 的格栅吊顶；③闷顶。其中①和②两种形式应采用直立型喷头（设置于吊顶上方），③采用吊顶型喷头（设置于吊顶下）。
29. 核实是否有移动给排水专业的消火栓，如果有移动，须与给排水设计确认是否满足消防要求。
30. 公共区设置有较长艺术墙的车站须与给排水设计核实消火栓距离是否满足消防要求。

动力照明

31. 图中应包括动力照明专业提资的公共区装修插座。
32. 图中应包括动力照明专业提资的墙面柱面疏散指示。
33. 地面疏散导向间距为 3m 以内。
34. 公共区清扫及其他必要的功能性插座。广告照明灯箱旁应设置插座。
35. 应急照明筒灯，补充该部分站台到站厅楼扶梯灯具并核实照度。
36. 装修图纸稳定后须及时向车站动照提资，提资内容应包含灯具、广告灯箱、导向牌、地面疏散导流标识、自动售卖机、多媒体大屏等的位置，以及各类设备用电量、光通量，站厅、站台正常照明和应急照明照度计算书。

通风空调

37. 站台层、站厅层公共区风口不能被装修遮挡。
38. 调整通风空调风口避免设置于虚实结合位置及造型区域，且密实吊顶处需要考虑吊顶开设风口。
39. 核实通风空调管线位置、高度是否影响公共区装修专业吊顶安装。
40. 在通风空调风阀处预留不小于 450mm×450mm 的检修口。
41. 核查顶棚吊顶镂空率能否满足均匀 25% 的要求。

通信

42. 图中应包括通信提资出入口地面平台的公安球机。
43. 图中应包括通信提资站厅层票亭、售票机处的 PIS 屏幕。
44. 图中应包括通信提资站厅、站台层的专用通信摄像机。
45. 图中应包括通信提资站厅、站台层的广播扬声器。

46. 图中应包括通信提资公共区光交箱和配电箱，箱体安装于离壁墙内，尺寸均为 1000mm（高）x750mm（宽）x200mm（深）。
47. 导向牌与摄像机、PIS 屏幕点位如冲突遮挡，统筹考虑并调整。
48. 如导向牌和 PIS 屏距离较近，存在遮挡，建议调整位置。
49. 如摄像机、PIS 屏与导向牌距离过近，调整通信设备与导向牌之间的距离，应大于 2m。

信号

图中应包括信号提资信号提资紧急停车按钮位置及具体尺寸。

自动售检票 AFC

AFC 系统，全称是 Automatic Fare Collection System，指城市轨道交通自动售检票系统。该系统是一种由计算机集中控制的自动售票（包括半自动售票）、自动检票以及自动收费和统计的封闭式自动化网络系统。

AFC 自动售检票系统基于计算机、通信、网络、自动控制等技术，能够实现轨道交通售票、检票、计费、收费、统计、清分、管理通过自动化进行。

按照 AFC 专业提资对票亭样式（单、双工位、票厅门体开口位置等）进行深化设计。

FAS、BAS

FAS：火灾报警系统，负责控制地铁系统内火灾报警和消防水系统启闭、环控系统是否进入灾害模式、车站 AFC 闸机是否紧急开启、气体灭火系统是否动作。

BAS：环境监控系统，控制车站和区间环境控制系统运行模式的弱电控制系统。

现代城市地铁交通站点环境设计

The Modern City Subway Station
Environmental Design

第五章
城市地铁交通站点设计发展趋势

5.1 环境服务功能更新

地铁交通站点从早期的方便人们出行，减缓城市交通拥堵的简单服务功能，扩展至今天服务于片区环境产业特征、社区特性，主导商务居住，商贸服务，助力片区产业升级，强化服务配套设施建设，提升片区公共活力，推动片区产业发展等功能。甚至出现由于地铁交通站点的设置使得片区房地产价格大幅攀升的现象。由此可以预见，地铁交通是未来城市运行的重要动脉和发展基础，也是政府对城市未来发展规划主要的功能成因。由于地铁在城市中强大的运送功能，使之成为国内一、二线城市未来交通发展的主要目标。据《都市快轨交通》期刊发布统计数据，20 世纪末，世界地铁里程排名前十的城市中国城市无一上榜，至 2020 年，世界地铁里程排名前十的城市中国已占 6 席，发展之快令世界瞩目。预计未来 5 年内，世界地铁里程排名前十的城市均为中国城市，这不仅仅体现了中国城市建设的快速崛起，更代表了在城市化进程中地铁交通成为城市不断膨胀的主要公共交通方式，并极大地缓解城市交通的压力。

5.1.1 站点与其他交通条件的链接

随着交通技术的不断发展，各种交通条件不断完善，城际交通客运已形成完整立体的网络，链接水、陆、空及城市人流、物流的循环。地铁线路的铺设从主城干线逐渐辐射到机场、铁路、码头、车站、商业中心、景区、学校、社区、工厂等人流密集的区域，并与其他交通条件对接，形成多层次的交通系统，满足人们出行选择的需求。因此，交通站点的设置将综合考虑该区域人口密度、人流密度、环境条件和其他交通设施的链接关系，方便人们换乘选择的需求。城市交通系统的丰富、完整，对地铁线路及地铁交通站点与地面环境和其他交通线路的对接匹配提出新的要求，对转乘、通达地下与地面站点的连接，以及出入口与地面交通组织关系、环境条件等因素进行系统设计，以形成完整、便捷的交通服务体系。

5.1.2 站点与环境业态条件的形成

采取新城市主义代表人物彼得·卡尔索尔普提出的 TOD 模式是"以公共交通为导向"的开发理念，为解决城市化发展过程中的无限制蔓延而采取的一种以公共交通为中枢、综合发展的城区。以地铁、轻轨、公交汽车站点为中心，以 400 ~ 800m(5 ~ 10 分钟步行路程)为半径建立集工作、商业、文化、教育、居住等为一体的城区，以实现各个城市组团紧凑型开发的有机协调模式。地铁作为重要的市政设施，在政府规划下组织导入涉及区域的商业、商务、居住、教育、会展等城市功能。对于区域业态条件的导入需要根据环境条件进行充分论证和分析，目前较为流行的是 SWOT 分析法（20 世纪 80 年代美国旧金山大学韦里克提出），强调从结构分析入手对目标对象的外部环境和内部资源进行分析，从优势与劣势分（SW）和机会与风险（OT）展开综合分析。最终形成围绕区域规划的发展定位，交通则是期间重要考量的内容，它将根据该区域的发展目标、产业规划、业态规模，分析测算出进入人群的数量，并以此规划地铁交通站点的建设规模和交通系统的构建。交通系统建设的规模大小与该区域的业态条件相辅相成，规划中的业态布局是决定交通系统建设的复杂程度和地铁交通站点建设的规模。同时，地铁交通站点的建设条件又有助于该区域产业业态条件的快速形成和发展。

5.1.3 站点空间的功能拓展

地铁交通站点空间功能早已从传统的候车、转乘功能拓展至多功能的空间作用。由于地铁交通拥有巨大的人流投送量，并且在固定的时段形成人流聚集的高峰，站点空间的服务功能也因乘客数量的增加和出行目的的多样性而更加多元。从早期单一的售票、候车功能扩展到现在的商业、餐饮、旅游产品售卖、医药、书店等多重服务功能，站点空间规模也因此得到拓展。巨大的客流量暗藏着巨大的商机，在出行过程中预期的或偶然产生的需求都可在进入站点的空间中被启发出来。因此，站点空间的服务功能会根据站点地面环境特征进行结合，并影响到具体站点空间的设计。如果站点地面是商业中心，那么站点空间应采用直接与主体商业空间进行通道连接，以最为便捷的方式直接通达目的地，并在通道与转乘候车空间设置相关商业服务空间、餐饮等候空间，并形成地上与地下互为补充的多功能空间。如果站点地面是学校或办公楼，则该站点应建立更加直接便捷的通道连接关系，同时设有明确的导视指向，商业服务空间多设置快餐、咖啡茶室和办公文具等业态，满足不同时段的乘客需求。

5.1.4 站点空间的技术利用与信息传达

地铁交通站点空间大多设置于地下空间，深达十余米或几十米不等，甚至有的深入地下百米以上。早期地铁交通站点空间对于技术利用仅仅是满足最为简单的功能要求：售票、出行、候车、转乘、导视、照明、通风等，所采用的技术大多是直接而又简单的人力和机械方式。在网络智能化的今天，所有进入地铁交通站点的乘客都将获得在此过程中的服务与关怀，并能获取相关目的地多种资料以及交通资讯。通过大数据、网络智能化技术，实现了信息无障碍交互和地上与地下不同空间环境情况的信息传达，智能化技术结合空间利用极大地扩展了地铁交通站点功能，不仅仅满足正常人出行的需求，同时也利用新的技术手段满足残障人士的出行要求，使得站点人性化服务得以实现（图5-1）。

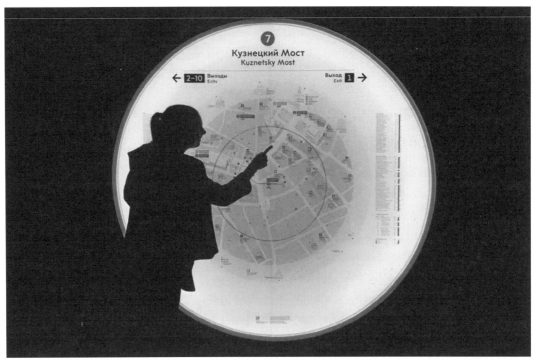

图5-1 莫斯科城市地铁标识导视系统设计（来源：网络）

5.2 站点空间设计发展趋势

近年来，中国城市地铁交通站点设计多注重硬件设施条件的建设和先进技术的利用，在满足出行乘坐的同时，忽略了这一人流密集的交通环境对乘客的影响和人口优势条件的利用，忽视了站点空间的文化性和艺术性的建设对城市形象优化和城市品质提升的作用，也简化了站点空间人性化设计的丰富内容。致使国内许多城市地铁交通这个被广泛采用的新技术、新方式，在站点空间中却显得千站一面，空间设计呆板、服务内容单一、缺乏特色与活力。这种现象与新技术的广泛运用和交通条件的完善形成极大的反差，从一个侧面反映出城市文化水平不高、市民审美要求较低、设计缺乏创新、城市生活品质不足等普遍问题。如何改善这一现象，不仅仅是设计师需要重视的问题，同时也是管理者必须重视的问题，我们注重城市公共环境的形象优化和文化特性的表达，潜移默化地影响大众综合素质与审美水平。

从发达国家对地铁交通站点空间设计的案例研究可以发现，艺术性与文化地域性表现在站点设计中占有较大的空间比例，注重视觉审美形式的空间建构，成为世界知名城市的重要城市名片。由于地铁交通站点的空间体量和混合功能不同于公交汽车站点，巨大的乘客运送量不仅方便了人群出行，同时也为游客进入城市、了解城市、游览城市开辟了重要窗口。因此，地铁交通站点所赋予的功能不仅是满足简单的出行需求，更为关键的是对当地城市人文、艺术、历史等特性的体现，以及人性化关怀，即成为站点空间设计中的要素。让当地人便捷、舒适地生活在城市之中，让外来人快捷、清楚地进入城市、了解城市、欣赏城市，应该是地铁交通站点空间人性化设计的目标（图5-2）。

图 5-2 俄罗斯马雅科夫斯基地铁交通站点空间设计（来源：网络）

5.2.1 立体交通站点的形成

随着城市的不断扩大,城市交通网络也更为复杂化和系统化,各种交通组织不再各自为政,而是相互交叉、互为连通,形成空中、地面、地下的立体交通体系。主要功能如下:

(1)串联城市节点

立体交通站点将城市中的重要片区节点以地铁交通为主导进行有效串联,形成快速运送的网络系统,最大化地实现城市运行功能(图5-3)。

图5-3 北京城市副中心站:结合地铁、高铁与市内交通的换乘枢纽(来源:网络)

(2)围绕站点适度开发

由于立体交通站点的设立,多种出行转乘方式使得当地的生活条件便捷可达,促使地块的使用价值快速提升,并围绕站点周边环境进行适度开发利用,形成新的社区环境和商业业态(图5-4)。

图 5-4　日本大阪梅田铁路地铁交通站点周边的商业街（来源：网络）

（3）混合功能布局集约使用

新的地铁交通线路的规划与站点布点的形成，将进一步促进了城市新区的拓展，不同地块围绕地铁交通站点紧凑布局，规划场地集约与建筑空间的混合功能使用，打造城市活力中心，提高基础设施使用效率，实现"优地优用，紧凑发展"的生态可持续理念，是未来城市借助地铁交通规划的发展趋势。

5.2.2　促进区域规划新理念的形成

交通延伸了城市的边缘与轴线，直接影响着城市整体规划策略和产业布局。在提倡城市品质提升的老旧城区改造政策的要求下，打造宜居城市的新城建设目标的引领下，结合 SWOT 分析法，围绕地铁交通站点的构建进行高强度开发，布局城市服务配套功能，从而形成站点附近发展机遇区，打造城市节点，丰富城市功能。通过地铁交通网络的延伸使地面与地下、不同地块互为整体，将商务、商业等多种业态功能围绕立体站点和沿地面主要道路展开布局，形成高活力区。文化休闲游憩功能沿城市蓝绿空间、生态廊道结合支线交通和专门站点，形成生态健康区，动静融合，构成密度不同、风貌不同、产业不同的多功能组团。

5.2.3 站点复合服务功能的形成

站点大量的人流量导致对服务的要求多样化，虽然在地铁交通站点候车时间通常不超过10分钟（含转乘），但对服务的要求却不因时间的短暂而减少。目前，国内地铁交通站点的新技术利用、候车环境的容量指标、安全性等硬件条件已经非常先进。但服务条件、环境、质量等方面与发达国家相比较仍然差距明显，大部分站点的服务设施和条件仅配有一部饮料售卖机，没有其他服务设施条件。对于大量在高峰时段乘车的乘客，无法早餐、无法准备工作、学习和无法仔细打理出行准备等目的需求。围绕不同人群的需求和每天巨大交通人流，建立复合服务功能设施，满足过往人群的出行需要。同时，也借助交通流量所带来的巨大商机，建立相应的商业综合体，激活片区经济活力，带动片区产业布局，使新的社区环境由于交通条件的植入形成新的发展热点。

复合服务功能不仅仅是商业服务条件的建立，还包括生态服务功能、文化服务功能，以及教育服务功能、养老服务功能等。随着城市化不断地发展蔓延，交通随之延伸，新的城市人居模式不断健全，也促使旧城社区不断更新改造，新旧更替、相互促进。交通是促成交流最直接的途径，交通网络的形成，也使得城市文化快速转变与提升，加速了城市的综合发展。

5.2.4 智慧站点的建构

大数据和智能化的今天，站点设计不仅仅是满足出行的物理功能和不同人群的简单候车行为要求。一个城市的交通便捷是形成城市活力的重要因素，不管是本地人还是外来旅游者，进入城市最直接的交通条件就是地铁。但地铁的最大优势，也是最大劣势就是在地下。其不受地面交通的影响，但不知地上何处或是情况如何。因此，两个不同的环境条件，促使乘客对地面信息的获取更加迫切。如进入地铁交通站点的拥挤程度、班次，以便有选择地安排出行；地面天气如何？相关重要商业中心、办公地点、CBD、学校城市旅游目的地、打卡地等在什么位置，都需要给予明确的信息指示。多种信息针对不同人群提供，这在以前是无法满足的服务条件。而智能化、数字化却能对出行人群进行数据采集，准确得到乘客的各种信息资源，并理解和掌握出行人群及个体的旅游爱好、经济条件、需求状况和出行目的地等信息。根据这些信息，指导站点的更新建设和设定发展目标，为满足乘客的人性需求提供客观的服务条件。智慧站点的建设，是未来地铁交通设施建设发展的重要目标和运行模式，不仅可以满足乘客各种出行需求，还能提供本地城市的各种信息，为提升城市公共环境品质打下坚实的基础并提供技术支撑。

参考文献

/ 第一章 /

[1] 轨交协会：全国轨交里程 7978.19 公里，去年 3 城新开运营．

[2] 中华人民共和国国民经济和社会发展第十四个五年规划和 2035 年远景目标纲要 _ 第三篇．

[3] 城市轨道交通站点周边地区设施空间规划设计导则，中国城市规划学会．

[4] 傅博峰，吴娇蓉，陈小鸿．郊区轨道站点分类方法研究 [J]．铁道学报，2008,30(6):19-23．

[5] 包智博．居住型地铁站点周边公共服务设施配建研究 [D]．成都：西南交通大学,2014．

[6] 郭晓阳，王占生．地铁车站空间环境设计：程序·方法·实例 [M]．北京：中国水利水电出版社，2014．

[7] 章莉莉．地铁空间设计 [M]．北京：中国建筑工业出版社，2017．

[8] 毛保华．城市轨道交通规划与设计 [M]．北京：人民交通出版社，2006．

[9] 王培业，杨明刚．地域文化在地铁站点设计中的应用研究——以上海地铁 15 号线为例 [J]．设计,2021(13):92-94．

[10] 马飞．地铁站点公共空间公共艺术设计应用研究 [D]．北京：北京交通大学,2019．

[11] 赵晓彤．城市地铁站内空间地域文化元素适度性设计研究 [D]．西安：西安建筑科技大学,2016．

[12] 丁磊．公共艺术在地铁空间中的介入 [D]．北京：中央美术学院,2013．

/ 第二章 /

[1] 武毅，尹静．地铁与公园的相遇——青岛地铁太平角公园站的概念设计 [J]．华中建筑，2013,31(02):69-72．

/ 第三章 /

[1] 黄粼春．防城港三波水厂建设工程项目进度管理研究 [D]．南宁：广西大学,2019．

[2] 张淼．黄骅港项目全过程管理系统研究 [D]．秦皇岛：燕山大学,2017．

[3] 朱明勇，杨利强．由西安路站设计方案演变浅谈地铁设计管理 [J]．铁道勘察,2015,41(04):75-78．

[4] 武毅，尹静．地铁与公园的相遇——青岛地铁太平角公园站的概念设计 [J]．华中建筑,2013,31(02):69-72．

[5] 何峰．浅谈公路工程变更的类型及原因 [J]．甘肃科技纵横,2011,40(04):129-130，133．

/ 第四章 /

[1] 王丽君. 城市地铁出入口规划与建筑设计浅析 [J]. 技术与市场, 2021,28(01):135-136.
[2] 刘丹. 浅谈地铁空间的商业性与艺术性——以北京地铁为例 [J]. 大众文艺, 2011,(13):91.
[3] 钱丹. 基于地域性文化的西安地铁公共环境设施应用研究 [D]. 西安：西安建筑科技大学, 2010.
[4] 杜丽娟. 城市综合交通枢纽设计研究 [D]. 西安：长安大学, 2008.
[5] 俞洁. 地铁空间导向性标识系统的设计理论与研究 [D]. 南京：南京艺术学院, 2006.
[6] 汤雅莉. 地铁站域空间标识系统的地域性体系研究 [D]. 西安：西安建筑科技大学, 2014.
[7] 白璐. 城市地铁站域商业与地铁站的衔接空间设计初探 [D]. 西安：西安建筑科技大学, 2013.
[8] 陆钟骁, 丁炳均, 马骉骦. 龙湖光年——重庆沙坪坝高铁站 [J]. 建筑技艺, 2019(07):57-63.
[9] 刘曼曼. 城市综合交通枢纽地下空间功能布局模式研究 [D]. 北京：北京建筑大学, 2013.
[10] 陈凌云. 城市轨道交通车站乘客引导标识设置的有效性研究 [D]. 成都：西南交通大学, 2016.
[11] 李梦晨. 城市地铁站点建筑空间环境设计初探 [D]. 西安：西安建筑科技大学, 2015.
[12] 孙明. 城市轨道交通地下车站标识导向系统研究 [J]. 铁道标准设计, 2008(04):118-121.
[13] 唐亚琳. 广州市轨道交通乘客向导系统研究 [J]. 现代城市轨道交通, 2005(01):41-43, 1.
[14] 韩建平. 轨道交通乘客信息系统组网分析与思考 [J]. 铁道通信信号, 2012,48(08):67-70, 73.
[15] 上官小雨. 色彩设计在城市地铁空间环境中的应用研究 [D]. 西安：西安建筑科技大学, 2017.
[16] 廖素兵. 地铁站空间的灯光艺术设计研究 [D]. 重庆：四川美术学院, 2020.
[17] 张紫涵. 哈尔滨地铁空间色彩应用研究 [D]. 哈尔滨：哈尔滨师范大学, 2020.
[18] 钟康弘. 北京地铁站点空间的色彩美学研究 [D]. 北京：北京建筑大学, 2017.
[19] 席天宇. 中国城市地铁站声环境设计策略研究 [D]. 哈尔滨：哈尔滨工业大学, 2008.
[20] 李季, 李嘉华. 物理环境设计对人性化空间塑造的重要意义 [J]. 华中建筑. 2007, 25{1}: 141-142.
[21] 侯宁. 从乘客的感官焦点看地铁公共艺术位置与形态的设置 [J]. 装饰, 2007.
[22] 谷潇坤. 区域文化介入地铁公共艺术 [J]. 今传媒（学术版）, 2020.
[23] 侯宁. 地铁站内公共艺术及作品位置与形式研究 [D]. 济南：山东师范大学, 2006.
[24] 马飞. 地铁站点公共空间公共艺术设计应用研究 [D]. 北京：北京交通大学, 2019.
[25] 王峰, 魏洁. 交互性城市公共艺术的未来发展趋势 [J]. 艺术百家, 2011, 123（6）：152.
[26] 金江波, 新媒体艺术的美学特征 [J].2015, 11(36):31.
[27] 李良. 浅谈地域主义建筑在中国 [J]. 城市建设理论研究, 2013, 12.
[28] 孙静. 基于地域文化的地铁站空间特色表达研究 [D]. 西安：西安建筑科技大学, 2017.

图书在版编目（CIP）数据

现代城市地铁交通站点环境设计 = The Modern City Subway Station Environmental Design / 潘召南主编；何亮，杨英，赵一舟副主编. -- 北京：中国建筑工业出版社，2021.12
 ISBN 978-7-112-26913-6

Ⅰ．①现… Ⅱ．①潘… ②何… ③杨… ④赵… Ⅲ．①地下铁道车站－建筑设计－环境设计 Ⅳ．①U231.4

中国版本图书馆CIP数据核字（2021）第248836号

　　本书通过对国内外各具有代表性的地铁交通站点环境设计案例分析，从城市地铁交通站点空间布局、功能设计建设、环境设计方法、设计流程、空间布局、材料施工、技术规范等几个方面进行细致的讲解，并提出城市地铁交通站点设计的发展趋势，以期能够为未来城市地铁交通站点设计提供更加多元化的设计思路，有效促进个人环境与城市和谐统一发展。本书适用于城市建设、交通运输、环境设计等相关政府部门、设计单位以及与该专业相关的从业者阅读参考。

责任编辑：张　华　唐　旭
文字编辑：李东禧
责任校对：赵　菲

现代城市地铁交通站点环境设计
The Modern City Subway Station Environmental Design

主　编 / 潘召南
副主编 / 何　亮　杨　英　赵一舟
*
中国建筑工业出版社出版、发行（北京海淀三里河路9号）
各地新华书店、建筑书店经销
河北鹏润印刷有限公司印刷
*
开本：880毫米×1230毫米　1/16　印张：11　字数：227千字
2021年12月第一版　　2021年12月第一次印刷
定价：86.00元
ISBN 978-7-112-26913-6
　　　（38732）

版权所有　翻印必究
如有印装质量问题，可寄本社图书出版中心退换
（邮政编码 100037）